湖北省博物館

HUBEI PROVINCIAL MUSEUM

编委会

梁庄王珍藏

郑和时代的瑰宝

湖北省博物馆 —————— 编

文物出版社

图书在版编目（ＣＩＰ）数据

梁庄王珍藏：郑和时代的瑰宝 / 湖北省博物馆编
.--北京：文物出版社，2023.2
ISBN 978-7-5010-7896-7

Ⅰ.①梁…　Ⅱ.①湖…　Ⅲ.①墓葬（考古）—出土文物
—湖北—明代—图录　Ⅳ.①K878.82

中国版本图书馆CIP数据核字（2022）第230541号

梁庄王珍藏——郑和时代的瑰宝

编　　者：湖北省博物馆

责任编辑：王　伟
责任印制：苏　林

出版发行：文物出版社
社　　址：北京市东城区东直门内北小街2号楼
邮　　编：100007
网　　址：http://www.wenwu.com
经　　销：新华书店
制版印刷：天津图文方嘉印刷有限公司
开　　本：889mm×1194mm　1/16
印　　张：9.75
版　　次：2023年2月第1版
印　　次：2023年2月第1次印刷
书　　号：ISBN 978-7-5010-7896-7
定　　价：368.00元

序

　　湖北地处长江中游，是文物大省，文脉绵延、物华天宝。习近平总书记指出："荆楚文化是悠久的中华文明的重要组成部分，在中华文明发展史上地位举足轻重。"湖北省博物馆是全省最重要的文物收藏、研究、展示、教育机构，是弘扬荆楚文化的阵地和展示荆楚文明的窗口。

　　2007年建成使用的湖北省博物馆一、二期工程馆舍面积4.96万平方米，展厅面积13427平方米，已经不能很好满足博物馆功能实际需求。在湖北省委、省政府的高度重视下，省博物馆三期扩建工程自2011年启动，到2021年12月20日对外开放，历经十年建设。新馆全面建成后，省博物馆总建筑面积达11.4万平方米、展览面积达3.6万平方米，文物保护、展陈能力大幅提升，将有力推动湖北文博事业跨越式发展。

　　习近平总书记指出"博物馆是保护和传承人类文明的重要殿堂，是连接过去、现在、未来的桥梁。"为全面反映荆楚历史文化，湖北省博物馆按照"全国领先、国际一流"的定位，确立了"彰显荆楚文化魅力、展示湖北文明发展历程、突出馆藏文物特点、体现最新学术研究成果"的展览理念，推出了"曾侯乙""楚国八百年""曾世家——考古揭秘的曾国""越王勾践剑特展""梁庄王珍藏——郑和时代的瑰宝""天籁——湖北出土的早期乐器"六个常设展览。

　　"曾侯乙"是湖北省博物馆最重要的展览，新版"曾侯乙"展览极大扩充了展览面积，以曾侯乙编钟陈列为中心，多角度阐释曾侯乙文物，体现古代的礼乐文明，凸显文物艺术特色。"楚国八百年"是新设展览，展览以文化展为基本定位，分为"开疆拓土""礼俗百业""惊采绝艳""上下求索"四个部分，打破以材质为主要门类的叙述脉络，吸收新的研究成果，增加楚国历史知识，突出楚人"筚路蓝缕""一鸣惊人"的精神内涵，从物质到精神、从文献到文物，全面展示楚国的历史和文化。曾国考古是湖北省近年来成果最多、社会关注度最高的考古发现之一。"曾世家——考古揭秘的曾国"展览通过叶家山、文峰塔、郭家庙、苏家垄等重大考古发现出土文物为观众展示考古破解曾国之谜的过程。"越王勾践剑"设立专馆展出，详细介绍其背后的历史故事、科技成就。"梁庄王珍藏——郑和时代的瑰宝"展览以海上丝绸之路为历史背景，分"天潢贵胄""珠围翠绕""丝路撷珍"三个部分，展示明代贵族宫廷生活和海上丝绸之路带来的中西文化交流。省博物馆馆藏音乐文物极具特色，"天籁——湖北出土的早期乐器"展览通过从新石器时代到战国时期的出土乐器反映早期人类对天地、自然认识的进步和音乐艺术的发展。

随着新馆的建成开放，湖北省博物馆将以新馆开馆为契机，全面提升专业水平，加强对外交流合作，不断丰富展览、教育、文创内容，深入阐发荆楚文化、长江文明的历史内涵和时代价值，更好满足人民美好生活需求，积极融入经济社会发展进程，全面服务国家发展战略。

为配合新馆展览，湖北省博物馆出版本系列图录，意图使读者和观众系统了解湖北历史文化和考古发现，更好地传播弘扬荆楚文化，讲好湖北故事。

湖北省博物馆馆长
湖北省文物考古研究院院长

目录

承继与赓续——从梁庄王墓出土文物认识明初社会 ○ 魏 冕

承继与赓续

——从梁庄王墓出土文物认识明初社会

○ 魏冕

梁庄王朱瞻垍是明仁宗第九子、明宣宗之弟，封地位于今湖北钟祥。据梁庄王墓圹志及《明实录》记载，朱瞻垍于永乐二十二年（1424年）被册封为梁王，宣德四年（1429年）就藩湖广安陆州（今湖北钟祥），其为人"好学乐善、孝友谦恭"，深得宣德皇帝喜爱。他于正统六年（1441年）去世、谥曰"庄"，故称梁庄王。因生前无男性子嗣，梁王死后无人继承其封地和爵位。梁庄王墓出土的随葬品，包括金、银、玉、宝石、瓷器等5300余件文物。[1]观者惊叹于出土器物之精美的同时，亦可以借此一窥明初社会的风貌。笔者拟从梁庄王墓出土文物入手、说明明朝在恢复、重建华夏王朝统治秩序之时，新王朝对前朝传统的承继与赓续、及前朝在习俗、信仰、贸易网络等方面对明初社会的影响。

一、梁庄王日常生活中的元代因素

梁庄王墓出土的器物中、一些器物的使用年代、装饰纹样、制作工艺中明显包含有元代因素、或其传承与使用深受前朝影响。这一现象反映了明初贵族生活并未完全排除元代因素、而是自然承继了前朝的若干孑遗、前朝因素依旧在贵族生活中发挥影响。下面从出土的帽顶、玉带、瓷锤、藏传佛教文物着手、谈谈元代的制度、习俗和信仰对明初物质文化的影响。

梁庄王墓共出土了6件帽顶，其中既有仅镶嵌宝石的、又有镶玉嵌宝的样式。帽顶为笠帽顶部的饰物、笠帽是元代王公贵族使用的一种有大沿的帽子，明初作为职官服饰和王公贵族的燕居之服被保留下来。《万历野获编》中有关于帽顶的记载："近又珍玉帽顶，其大有至三寸、高有至四寸者，价比三十年前加十倍，以其可作鼎彝盖上嵌饰也。

---

1 湖北省文物考古研究所、钟祥市博物馆编著，梁柱主编：《梁庄王墓（上）》，文物出版社，2007年，第218页。

问之，皆曰此宋制，又有云宋人尚未办此，必唐物也，竟不晓此乃故元时物。元时除朝会后，王公贵人俱戴大帽，视其顶之花样为等威，尝见有九龙而一龙正面者，则元主所自御也。当时俱西域国手所作，至贵者值数千金。本朝还我华装，此物斥不用。无奈为估客所昂，一时竞珍之，且不知典故，动云宋物，其耳食者从而和之，亦可哂矣。"[2] 这段记载表明了帽顶这一"故元时物"，在明代尊夏攘夷思想高涨和明中期蒙古不断南侵的背景下，被明代社会选择性遗忘的事实。沈德符所言"本朝还我华装"，指的是明初，朱元璋为表明明朝与汉、唐、宋朝一脉相承，对明朝服饰制度所进行的改革。根据《明太祖实录》记载，洪武元年二月壬子，"诏复衣冠如唐制。初，元世祖起自朔漠，以有天下。悉以胡俗变易中国之制……无复中国衣冠之旧……上久厌之，至是，悉命复衣冠如唐制"。[3] 然而帽顶作为"胡俗"的一部分，非但没有被革除，反而在明初十分流行。据《明太祖实录》，洪武六年夏四月癸巳，"凡服色，职官一品、二品用杂色文绮、绫罗、彩绣，帽顶帽珠用玉；三品至五品用杂色文绮、绫罗，帽顶用金帽珠，除玉外，随所用；六品至九品用杂色文绮、绫罗，帽顶用银帽珠、玛瑙、水晶、香木。"[4] 这条材料说明在明初，帽顶依旧被保留在文武官员的服饰之中。在明初的宫廷绘画中，也不乏皇帝佩戴帽顶的形象。例如故宫博物院收藏的《朱瞻基行乐图》，即描绘了明宣宗朱瞻基佩戴顶部镶嵌有红宝石之帽顶的形象。如此式样的帽顶，《南村辍耕录》中便有记载。"大德间，本土巨商中卖红刺一块于官，重一两三钱，估直中统钞一十四万锭，用嵌帽顶上。自后累朝皇帝相承宝重，凡正旦及天寿节、大朝贺时则服用之。"[5] 此处之"刺"，指品质次于刚玉红宝石的低等红色宝石。可见由元至明，帽顶之传承。

梁庄王墓出土有青白玉镂空云龙纹带铐，其制作采用斜向浮出的立体深雕元代工艺，[6] 其中的两件带铐下方饰有小环。梁庄王墓出土的饰有"鹘捕鹅"题材纹饰的金代白玉吐鹘带之带铐，其中有三件带有小环，此皆鞢韄带之孑遗。《辽史·国语解》载，"鞢韄带，武官束带也。"[7] 鞢韄，又作"韄韄"，这种腰带通常以皮革为鞓，带身钉有带小环的带铐、

---

2 ［明］沈德符：《万历野获编》卷26，中华书局，1997年，第662页。

3 《明太祖实录》卷30，"中央研究院"历史语言研究所，1968年，第525页。

4 《明太祖实录》卷81，"中央研究院"历史语言研究所，1968年，第1462、1463页。

5 ［元］陶宗仪：《南村辍耕录》卷7《回回石头》，中华书局，2004年，第84页。

6 梁柱、朱红、陈启贤：《梁庄王墓部分玉器成器年代及工艺微痕研究》，湖北省文物考古研究所、钟祥市博物馆编著，梁柱主编：《梁庄王墓（上）》，文物出版社，2007年，第340页。

7 ［元］脱脱等：《辽史》卷116《国语解》，中华书局，1974年，第1546页。

带铐环上垂挂若干小带，以系挂各种杂物。[8]据《辽史·仪卫志二》，契丹官朝服，"服紫窄袍、系鞢韐带，以黄红色条里革为之，用金玉、水晶、靛石缀饰，谓之'盘紫'。"[9]汉官常服，"五品以上……文官佩手巾、算袋、刀子、砺石、金鱼袋；武官鞢韐七事：佩刀、刀子、磨石、契苾真、哕厥、针筒、火石袋、乌皮六合靴。"[10]宋人沈括在《梦溪笔谈》中也提及此带，"中国衣冠，自北齐以来，乃全用胡服。窄袖绯绿、短衣、长靿靴、有蹀躞带：皆胡服也……（胡人）带衣所垂蹀躞，盖欲佩带弓剑、帉帨、算囊、刀砺之类。自后虽去蹀躞，而犹存其环，环所以衔蹀躞，如马之鞦根，即今之带铐也。"[11]。根据考古发现，装环之铐最早见于河北定县43号东汉墓，魏晋南北朝时流行于中原，至唐代鞢韐带已成为男子常服的组成部分。[12]辽宋时期，鞢韐带依旧被保留在臣僚服饰之中。元代是蒙古族统治的朝代，鞢韐带这一颇具游牧民族色彩的带饰此间继续被使用，并流传至明初。明初鞢韐带的使用，延续了前朝的传统。

梁庄王墓出土有青花龙纹瓷锺及两件泥金龙纹瓷锺。瓷锺之定名，由青花龙纹瓷锺金盖上自铭之"锺"而来。与这种器形类似的器物，学界通常以"高足碗""高足杯"称谓。余佩瑾女士在《内蒙古出土的元青花高足杯及相关问题》一文中指出，内蒙古地区出土的高足杯在各式元青花器形中最为常见，反映出该器形流行于元朝、流通于内蒙古。文中不仅探讨了内蒙古地区出土元青花高足杯的式样、使用脉络，还罗列了甘肃省、新疆维吾尔族自治区、元大都遗址、北京市、河北省、江苏省、江西省、安徽省境内各地区高足杯的出土情况。可见高足杯这一器形在元朝之风行。[13]郭学雷先生在《元代高足碗、杯源流及历史背景与用途——以藏传佛教茶器为中心》一文中列举了元代各地出土的高足碗、杯的相关情况，并结合历史文献、图像资料等，对各式器物的具体用途进行了归类。郭先生认为，元代高足碗中较大、撇口弧腹的一类，应为"茶锺"；梁庄王墓出土的青花龙纹瓷锺，应为茶器。文章指出，高足碗、杯在元代的流行，与元朝疆域之扩大、

8　周汛、高春明编：《中国衣冠服饰大辞典》，上海辞书出版社，1996年，第450页。

9　［元］脱脱等：《辽史》卷56《仪卫志二·国服》，中华书局，1974年，第906页。

10　［元］脱脱等：《辽史》卷56《仪卫志二·汉服》，中华书局，1974年，第910页。

11　［宋］沈括著，胡道静校注：《梦溪笔谈》卷1，《梦溪笔谈校证（上）》，上海古籍出版社，1987年，第23页。

12　孙机：《中国古代的带具》，《中国古舆服论丛》，文物出版社，2001年，第270、274页。

13　余佩瑾：《内蒙古出土的元青花高足杯及相关问题》，《故宫学术季刊》2015年第2期。

同西域交流之频繁、游牧民族的生活习惯密切相关。[14]明初，贵族生活习惯依旧深受前朝影响，因此瓷锺便在贵族生活中被保留了下来。

梁庄王墓出土了数量众多的藏传佛教文物。一位明初王子的墓葬中，为何会出土如此丰富而精美的藏传佛教文物？要理解这一事实，首先应从藏传佛教的流传史谈起。据沈卫荣先生研究，藏传佛教信仰曾在西夏王国内占据主导地位，王国境内藏传佛教信众广大。蒙古征服西夏期间，蒙古军事领袖皈依了藏传佛教信仰，使得藏传佛教在蒙元帝国的版图上迅速流行与传播。蒙元时代流行的大黑天崇拜，应与西夏时代早已普遍崇拜和修习大黑天神之习俗有关。[15]梁庄王墓出土了两件饰有大黑天形象的文物，表明对大黑天形象的崇拜由元朝延续至明初。梁庄王墓内大量藏传佛教文物的出土，说明明初政权的更迭，并未中断藏传佛教信仰在宫廷内外的影响。

明初宫廷内延续藏传佛教信仰，与当时的政治考量有关。明朝自太祖始，针对今西藏、青海、四川等藏区政教合一的现实，通过封授藏传佛教界人士、扶持藏传佛教，与藏区建立联系，达到实施统治和管理的目的。[16]明初，令西藏地方官员和僧人入朝纳贡并对其进行封赏，是维持明廷与西藏地区关系的重要手段。随着番僧进入中土，藏传佛教在宫廷内外广泛传播。[17]明初之所以能够利用藏传佛教来维系明王朝与藏区的关系，显然与元朝对藏区近百年有效统治的政治遗产密切相关。元代藏传佛教之风行，毫无疑问也影响了明初皇帝们的信仰。明初，皇帝本人对藏传佛教的崇信，是推动藏传佛教在内地传播的重要动力。明成祖本人信仰藏传佛教，他邀请五世哈立麻上师来朝，并令其于永乐五年（1407年）二月，在灵谷寺建普度大斋，祭奠明太祖和马皇后；三月又封其为大宝法王，"领天下释教"。[18]永乐八年（1410年），成祖遣使藏地，取其经藏进行翻刻，又翻刻其丹珠尔（论藏）部分要典随经藏发行。[19]明宣宗崇奉密教，在京

14 郭学雷：《高足碗、杯源流及用途考——以藏传佛教茶器为中心》，《祥云托起珠穆朗玛——藏传佛教艺术精品》，文物出版社，2017年，第279、281、282页。

15 沈卫荣：《论蒙元王朝于明代中国的政治和宗教遗产——藏传佛教于西夏、元、明三代政治和宗教体制形成中的角色研究》，《大元史与新清史：以元代和清代西藏和藏传佛教研究为中心》，上海古籍出版社，2019年，第122、123、136、137页。

16 何孝荣：《明代皇帝崇奉藏传佛教浅析》，《中国史研究》2005年第4期。

17 沈卫荣：《论蒙元王朝于明代中国的政治和宗教遗产——藏传佛教于西夏、元、明三代政治和宗教体制形成中的角色研究》，《大元史与新清史：以元代和清代西藏和藏传佛教研究为中心》，上海古籍出版社，2019年，第149、151页。

18 何孝荣：《明成祖与佛教》，《佛学研究》2002年第11期。

19 中国佛教协会编：《中国佛教》第1辑，知识出版社，1980年，第120页。

大量封授和供养藏传佛教僧人，接受密教灌顶，翻译密法坛仪。永乐、宣德年间，宫廷内铸造藏式铜佛像。这些佛像主要用于赏赐藏僧，也有留在宫中为皇帝崇奉密教所用的。[20] 梁庄王墓中出土的大量密教法器，或与当时宫廷中盛行的密教信仰有关。明代藩王普遍崇佛，梁庄王亦不例外。这不仅为其墓葬中出土的大量藏传佛教文物所证实，梁府在封地所建立的两座寺庙，亦可作为旁证。据嘉靖《湖广图经志书》记载，建于湖广安陆州的吉祥寺和普门寺，皆与梁王府有关。吉祥寺在城东四里，于正统初年由梁庄王建立。普门寺在州北六十里，景泰年间由梁庄王府建立。[21] 徐恪在一首名为《普门寺》的诗中，还追述了该寺与梁王的渊源："殿倚巑岏最杪巅，断峰晴与白云连。山僧记得梁王事，为道兴衰一怅然。"[22]

二、联通"西洋"的网络

梁庄王墓出土器物之丰富奢华，一方面体现在出土有大量制作精良的金、玉类器物，另一方面则体现在数量众多的镶嵌宝石类器物之上。梁庄王墓出土的宝石多达18种700余颗，其中镶嵌在金、银、铜器上的各类宝石有485颗。[23] 据专业机构鉴定，镶嵌的18种珠宝包括：红宝石、蓝宝石、祖母绿、绿柱石、金绿宝石、东陵石、石英岩、石榴石、尖晶石、珍珠、辰砂、水晶、长石、锆石、琥珀、玛瑙、绿松石、玻璃，梁庄王墓中出土了世界五大名贵宝石中的四种（红宝石、蓝宝石、金绿宝石、祖母绿），且有的品质极高。如红宝石和蓝宝石中有具星光效应的样品；蓝宝石中有蓝色极优的品种，还有的重量近200克拉；金绿宝石多具猫眼效应。从宝石的特征来看，出土的四大名贵宝石的产地都不在国内，从宝石的颜色和内含物等特征来看，产地可能是东南亚。[24] 除宝石外，梁庄王墓还出土了一件錾刻有"西洋"字样的金锭。錾刻在这块金锭上的铭文为：永乐十七年四月 日西洋等处买到 / 八成色金壹锭伍拾两重。[25] 而永乐十七年四月，正值郑和第五次下西洋回程途中。

20　何孝荣：《论明宣宗崇奉密教》，《社会科学战线》2012年第7期。

21　《［嘉靖］湖广图经志书（下册）》卷10《安陆州·寺观（本州）》，书目文献出版社，1991年，第937页。

22　《［万历］桃源县志［万历］承天府志》卷16《艺文·普门寺》，书目文献出版社，1991年，第314页。

23　湖北省文物考古研究所、钟祥市博物馆编著，梁柱主编：《梁庄王墓（上）》，文物出版社，2007年，第218页。

24　杨明星、狄敬如等：《湖北钟祥明代梁庄王墓出土宝石的主要特征》，《宝石和宝石学杂志》2004年第3期。

25　湖北省文物考古研究所、钟祥市博物馆编著，梁柱主编：《梁庄王墓（上）》，文物出版社，2007年，第36页。

据史料记载，"下西洋"这一官方贸易行为，曾为朝廷带来诸多珍宝。英宗天顺二年（1458年），太监上奏言："永乐、宣德间屡下西洋，收买黄金、珍珠、宝石诸物。"[26]宝石和金锭出土于明仁宗第九子梁庄王的墓葬之中，梁庄王生活的年代，正与郑和七下西洋的时间有所重合，那么梁庄王墓出土的镶嵌有宝石的饰件和金锭，便很有可能是明初宫廷对获取于"西洋"的原料进行加工后，赏赐给梁庄王的。专业的宝石学分析结果、金锭上的铭文，皆将原料的获取与明初郑和下西洋的朝贡贸易行为关联起来。人们不禁要问，梁庄王墓出土的宝石和錾刻有"西洋"字样金锭的金料，究竟从何处获得？它们是否由郑和船队通过明朝与"西洋"的贸易网络购得？要回答这个问题，首先要弄清楚郑和船队到访地区的物产，及郑和第五次下西洋归途中经过的主要地区。

马欢著《瀛涯胜览》、费信著《星槎胜览》和巩珍著《西洋番国志》，皆由郑和船队的随行人员所撰写，是现存记载郑和船队到访地区概况的重要文献。著书者对于途经之地的物产进行了较为详尽的介绍。下面逐一列举文献所记的宝石产地和交易地的具体情况。

暹罗（今泰国）西北之上水地区，当时有"红马厮肯的石"交易。马欢言其"次于红雅姑石，明净如石榴子一般"，且"中国宝船到暹罗，亦用小船去做买卖"。[27]《南村辍耕录》卷七"回回石头"条目中，有对"马思艮底"的记载，"马思艮底"应为"马厮肯的"的另一种音译名称，它与"红亚姑"同在"鸦鹘"条目之下，其后附有"带石无光，二种同坑"的解释。[28]"亚姑"是阿拉伯语 yāqūt 的对音，意为宝石，"红亚姑"即是红宝石，可见"红马厮肯的石"可能是一种次等的红宝石。郑和船队亦有可能在爪哇进行宝石交易。《星槎胜览》中记载爪哇国（今印度尼西亚爪哇岛），"其国富饶，珍珠、金银、鸦鹘、猫睛、青红等石、砗磲、玛瑙、豆蔻、荜茇、栀子花、木香、青盐，无所不有，盖在通商之处也。"[29]"鸦鹘"应是阿拉伯语 yāqūt 的另一种音译名称，"猫睛"应为猫睛石，可见此处宝石、香料、金银交易等皆盛行。《瀛涯胜览》中也有锡兰（今斯里兰卡）产宝石的记录，"王居之侧，有一大山侵云高耸……其大山内出红雅姑、青雅姑、青米蓝石、昔剌泥、窟没蓝等一切宝石，每遇大海水冲土流下沙中，寻拾则得之。"郑和船队曾在此地换易宝

26 《明英宗实录》卷287，"中央研究院"历史语言研究所，1968年，第6155页。

27 ［明］马欢著，万明校注：《明钞本〈瀛涯胜览〉校注》，海洋出版社，2005年，第34页。

28 ［元］陶宗仪：《南村辍耕录》卷7《回回石头》，中华书局，2004年，第85页。

29 ［明］费信著，冯承钧校注：《星槎胜览校注》，中华书局，1954年，第14页。

石，"甚喜中国麝香、纻丝、色绢、青磁盘碗、铜钱、樟脑，则将宝石、珍珠换易。王常差人赍珍珠、宝石等物，随同回洋宝船进贡朝廷。"[30] "雅姑"在《南村辍耕录》中作"亚姑"，"青雅姑"即青宝石；"青米蓝石"在《南村辍耕录》中作"你蓝"（阿拉伯语 nīlan 的对音，靛青色、海蓝色），可能是海蓝宝石；"昔刺泥"在《南村辍耕录》中被载于"红石头"条目下，记作黑红色宝石；"窟没蓝"在《南村辍耕录》中作"苦木兰"，呈"红黑黄不正之色"，品质较低。[31]《博物要览》详细记载了锡兰产各种宝石之成色。"昔刺泥红宝石，产锡兰山，石色深红而带微黄，娇艳若初坼海榴花也"；"黄刺姑宝石，产锡兰山，石色嫩黄，如初开秋葵，色艳丽鲜明"；"助木绿宝石产锡兰山，石色嫩绿如新苔，翠碧明莹中有银丝碎脉为异"；"猫儿眼睛宝石产锡兰山及默德那国，大如指顶，石色绀黄，中含活光一缕"。[32] 猫睛石，应是产生猫眼效应这一特殊光学效应的宝石，其中最珍贵的，当属金绿宝石猫眼，即具有猫眼效应的金绿宝石。目前，只有金绿宝石猫眼无须注明矿物种而称"猫眼"。[33] 梁庄王墓出土的具有猫眼效应的宝石几乎全是金绿宝石猫眼。榜葛剌（今孟加拉国及印度西孟加拉邦地区）有可能是郑和船队采买宝石的地区。"地产细布、撒哈剌、绒毯、兜罗锦、水晶、玛瑙、珊瑚、真珠、宝石、糖蜜、酥油、翠毛、各色手巾被面"，[34] "国王亦差人往番国买卖采办方物珍珠、宝石，进献朝廷。"[35] 郑和船队也很可能在柯枝国（今印度西南岸的科钦）进行宝石贸易。《瀛涯胜览》载，当地"名称哲地者，俱是财主，专收买下珍珠、宝石、香货之类，皆候中国宝船或别处番船客人。"[36] 古里"乃西洋大国"[37]，也是郑和船队航程中的重要贸易地点。当地"哲地多收买下各色宝石、珍珠并做下珊瑚等物，各处番船到彼，王亦差头目并写字人来眼同而卖，亦取税钱"。古里国王"用赤金五十两、令番匠抽如发细丝结挽成片，以各色宝石、珍珠厢成宝带一条，差头目乃那进献于朝廷"。[38] 梁庄王墓出土有一条金累丝镶宝石腰带、带铐底板饰有精细的

---

30 ［明］马欢著，万明校注：《明钞本〈瀛涯胜览〉校注》，海洋出版社，2005年，第54、56页。

31 ［元］陶宗仪：《南村辍耕录》卷7《回回石头》，中华书局，2004年，第84、85页。

32 ［明］谷泰：《博物要览》卷10，《续修四库全书·子部·杂家类》第1186册，上海古籍出版社，2002年，第51—54页。

33 张蓓莉主编：《系统宝石学》，地质出版社，2006年，第254页。

34 ［明］费信著，冯承钧校注：《星槎胜览校注》，中华书局，1954年，第41页。

35 ［明］马欢著，万明校注：《明钞本〈瀛涯胜览〉校注》，海洋出版社，2005年，第91页。

36 ［明］马欢著，万明校注：《明钞本〈瀛涯胜览〉校注》，海洋出版社，2005年，第61页。

37 ［明］马欢著，万明校注：《明钞本〈瀛涯胜览〉校注》，海洋出版社，2005年，第63页。

38 ［明］马欢著，万明校注：《明钞本〈瀛涯胜览〉校注》，海洋出版社，2005年，第68、71页。

累丝纹样，正面镶嵌有各色宝石，可能与该文献中记载的"宝带"类似。《博物要览》详细记载了古里产各种宝石之成色。"避者达红宝石产西洋古里国，深红色，最鲜艳红如猩血，石薄而娇"；"鹅儿黄宝石产西洋古里国，色最嫩黄娇艳，如雏鹅"；"撒尼绿宝石，产西洋古里国，石色翠绿，如鹦哥羽，而有白水浆皮包里"。[39]"避者达"在《南村辍耕录》中被归于"红石头"条目之下，色泽深红。"撒尼"在《南村辍耕录》中记作"撒卜泥"，记载于"绿石头"条目之下，为浅绿色下等绿宝石。[40] 阿丹国（今阿拉伯半岛也门首都亚丁）是阿拉伯半岛的通商要地，也是古代西亚重要的宝石交易中心。《瀛涯胜览》记载了当地盛行宝石交易、宝石饰品流行、向中国进贡宝石的情况，"咸伏开读毕，王即谕其国人，但有珍宝许令卖易。其时在彼买到重二钱许大块猫睛石、各色雅姑等异宝，大颗珍珠……"，"国王之扮，头戴金冠，身服黄袍，腰系宝妆金带"，"妇人之扮，身穿长衣，肩项佩珠璎珞，如观音之扮；耳带金厢宝环四对，臂缠金宝钏镯"，"其国王感荷圣恩，特进金厢宝带二条、金丝珍珠宝石金冠一顶，并雅姑等各宝石，蛇角二枚，修金叶表文等物进献朝廷"。[41] 梁庄王墓出土有金镶宝石带、金镶宝石镯等，其样式亦可能受到阿拉伯等地区的影响。忽鲁谟斯（今属伊朗，位于阿曼湾与波斯湾之间霍尔木兹海峡中格仕姆岛东部的霍尔木兹岛）是当时波斯湾的重要海港，当地宝石交易盛行。据《瀛涯胜览》载，"此处各番宝物皆有，如红雅姑、青、黄雅姑、剌石、祖把碧、祖母喇、猫睛、金刚钻；大颗珍珠若龙眼，重一钱二、三分者"，"国王将狮子、麒麟、马匹、珠子、宝石等物并金叶表文，差头目跟同回洋宝船，进献朝廷。"[42]《南村辍耕录》中，"剌"（阿拉伯语 la'l 的对音）被归于"红石头"条目之下，释作"淡红色、娇"，[43] 故其可能指品质次于刚玉红宝石的低等红色宝石，即红尖晶石。[44]"祖把碧"（阿拉伯语 dhubbābī 的对音，苍蝇色的）在《南村辍耕录》中作"助把避，上等暗深绿色"，"祖母喇"（阿拉伯语 zumurrud 对音，绿宝石）在《南村辍耕录》中作"助木剌，中等明绿色"，二者皆被归于"绿石头"条目下。万历年间《留青日札》载，"祖母绿本绿宝石。上者名助把避，深暗绿色；中者名助木剌，

39　［明］谷泰：《博物要览》卷10，《续修四库全书·子部·杂家类》第1186册，上海古籍出版社，2002年，第51–54页。

40　［元］陶宗仪：《南村辍耕录》卷7《回回石头》，中华书局，2004年，第84页。

41　［明］马欢著，万明校注：《明钞本〈瀛涯胜览〉校注》，海洋出版社，2005年，第80、81、85页。

42　［明］马欢著，万明校注：《明钞本〈瀛涯胜览〉校注》，海洋出版社，2005年，第97、98页。

43　［元］陶宗仪：《南村辍耕录》卷7《回回石头》，中华书局，2004年，第84页。

44　宋岘：《"回回石头"与阿拉伯宝石学的东传》，《回族研究》1998年第3期。

明绿色；下者名撒卜泥，浅绿色带石者。皆出回回山坑中。"[45]可见"祖把碧"和"祖母喇"皆是祖母绿。天方（今沙特阿拉伯的麦加）亦应是宝石交易的重要地点。《瀛涯胜览》载天方"土产蔷薇露、俺八儿香、麒麟、狮子、驼鸡、羚羊、草上飞，并各色宝石、珍珠、珊瑚、琥珀等宝。"[46]明初，获得宝石的主要途径是海外采买。郑和船队下西洋所到之处，不乏盛行宝石交易的国家和地区。梁庄王墓出土的各色宝石，很有可能是郑和船队下西洋途中，于宝石交易盛行地区采买而来。

梁庄王墓内出土大量珍贵宝石与当时宫廷内佩戴宝石的风气有关，明初宫廷内的这一风气则与元代社会流行的宝石风尚直接相关。元人鉴赏宝石之习与西来的阿拉伯人对宝石的喜好有关。阿拔斯王朝时期，阿拉伯人以佩戴宝石为风尚。珍珠、蓝宝石、红宝石、祖母绿和钻石为宫廷贵族追捧，王室贵族热衷于收藏各式珍贵的宝石、绿松石、光玉髓和玛瑙则在民众中风行。[47]阿拉伯世界盛行宝石鉴赏之学，由阿拉伯作家撰写的关于宝石鉴赏的著作有五十种以上。[48]元朝疆域广阔，许多穆斯林前往中国，阿拉伯世界的宝石学著作由此传入。元代《秘书监志》记载的传入中国的书籍中，有"者瓦希剌别认宝贝五部"，因"者瓦希剌"是阿拉伯语词 Jawāhir（"宝石"的复数形式）的音译，故该书名意为"宝石鉴别书五部"。[49]《南村辍耕录》卷七"回回石头"中记载的宝石名称，多由阿拉伯语词音译而来，元代皇帝、贵族亦以佩戴宝石为风尚，可见阿拉伯宝石学自元代便在中土流传，阿拉伯地区的宝石文化也渗透至元人的日常生活中。明初，宝石文化依旧在宫廷中延续，郑和船队在海外大量采买宝石，正是为了满足当时宫廷对宝石的大量需求。

除各色宝石外，梁庄王墓还出土有一件与郑和下西洋直接相关的文物——錾刻有"西洋"铭文的金锭。这块金锭上錾刻有"永乐十七年四月 日西洋等处买到 / 八成色金壹锭伍拾两重"的铭文。制作这块金锭的金料究竟于何处买到，牵涉到明初海外贸易之实况，引起了学者们的注意。关于这块金锭的金料来源，学者们提出了各自的看法。林梅

45　［明］田艺蘅：《留青日札》卷23，上海古籍出版社1985年，第776页。

46　［明］马欢著，万明校注：《明钞本〈瀛涯胜览〉校注》，海洋出版社，2005年，第102页。

47　Philip K. Hitti. *History of the Arabs: From the Earliest Times to the Present(Tenth Edition)*. London: Macmillan Publishers,1970, p. 347.

48　Philip K. Hitti. *History of the Arabs: From the Earliest Times to the Present(Tenth Edition)*. London: Macmillan Publishers,1970, p. 383.

49　宋岘：《"回回石头"与阿拉伯宝石学的东传》，《回族研究》1998年第3期。

村教授认为，这块金锭的金料产地应是印度、斯里兰卡、克什米尔、波斯等地，很有可能是阿拉伯出产的紫磨金。[50]周运中博士则认为，这块金锭的原料可能来自爪哇或满刺加一带。[51]由这块金锭上的铭文可知，制作这块金锭的金料是郑和船队于永乐十七年（1419年）四月在"西洋"等处买到的。根据《明太宗实录》记载，永乐十七年秋七月庚申，"官军自西洋还"[52]。郑和船队第五次下西洋回到南京的时间是永乐十七年七月，那么永乐十七年四月购买金料时，郑和船队正在第五次下西洋回程途中。如此一来，该金锭金料的购买地应大概率在郑和第五次下西洋回程途经地区之范围内。《明太宗实录》中记载了朝廷发布郑和船队第五次出洋诏书，及船队归国后各国前来朝贡的事实。永乐十四年十二月丁卯，"古里、爪哇、满刺加、占城、锡兰山、木骨都束、溜山、喃渤利、不刺哇、阿丹、苏门答刺、麻林、刺撒、忽鲁谟斯、柯枝、南巫里、沙里湾泥、彭亨诸国、及旧港宣慰使司臣辞还，悉赐文绮、袭衣。遣中官郑和等赍敕及锦绮、纱罗、彩绢等物偕往，赐各国王。仍赐柯枝国王可亦里印诰，并封其国中之山为'镇国山'。"[53]永乐十七年秋九月丙午，"满刺加等十七国王亦思罕答儿沙等，进金缕表文，贡宝石、珊瑚、龙涎、鹤顶、犀角、象牙、狮子、犀牛、神鹿、天马、骆驼，阿罗国王子段阿刺沙、喃渤利国王子沙者罕，亦遣使贡方物，赐织金龙衣、白金、铜钱、纻丝、纱罗、丝绢有差。"壬子，"宴满刺加国王，并阿鲁国王、喃渤利国使臣于奉天门。"[54]此外，宣德六年郑和最后一次出洋时留下的碑铭《娄东刘家港天妃宫石刻通番事迹记》中，也留存有关于郑和第五次下西洋的历史记录："永乐十五年统领舟师往西域。其忽鲁谟斯国进狮子、金钱豹、西马；阿丹国进麒麟，番名祖刺法，并长角马哈兽；木骨都束国进花福禄并狮子；卜刺哇国进千里骆驼并驼鸡；爪哇国、古里国进麋里羔兽。各进方物，皆古所未闻者。及遣王男王弟捧金叶表文朝贡。"[55]以上史料中涉及的地区，应当是郑和船队第五次下西洋时前往过的地点，制作那块刻有"西洋"字样金锭的金料，当购于以上地区中的某处。

郑和船队七下西洋，一般是秋冬季节出发，七、八月回国，这很有可能与亚洲地区

50　林梅村：《珠宝艺术与中外文化交流》，《考古与文物》2014年第1期。

51　周运中：《郑和下西洋新考》，中国社会科学出版社，2013年，第36页。

52　《明太宗实录》卷214，"中央研究院"历史语言研究所，1968年，第2149页。

53　《明太宗实录》卷183，"中央研究院"历史语言研究所，1968年，第1969页。

54　《明太宗实录》卷216，"中央研究院"历史语言研究所，1968年，第2155、2156页。

55　［明］钱谷：《吴都文粹续集》卷28，《道观·娄东刘家港天妃宫石刻通番事迹记》，《影印文渊阁四库全书》第1385册，（台北）商务印书馆，1972年，第723页。

的季风和洋流状况有关。船队的航行路线，应当是相对固定的，因此我们可以依据某次航行记录，合理推测其他几次航行的具体路线。目前唯一可以获得的主船队航行日程，是祝允明在《前闻记》中记录的郑和船队"大综宝船"第七次下西洋的日程。依据祝允明的记载，郑和船队在宣德八年二月离开忽鲁谟斯、开启返程路线后，大综船于四月六日抵达苏门答剌，四月十二日离开，四月二十日抵达满剌加，五月十日便回到昆仑洋，最终于七月六日返回南京。[56] 郑和船队第五次下西洋回到南京的时间也在七月，若按照郑和主船队第七次下西洋的回航路线推及第五次下西洋中主船队的回程路线，假设梁庄王墓出土的这块金锭之金料是由郑和主船队在途经之地购得，那么永乐十七年四月买到的金料，很可能是主船队在当时的苏门达剌或是满剌加购得。这两地也正在郑和船队第五次下西洋途经地区之列。明初的苏门答剌，指今印度尼西亚苏门答腊岛北部一带，[57] 满剌加即今天马来西亚的马六甲一带，[58] 是当时重要的贸易中心。《东西洋考》卷四记载，"哑齐即苏门答剌国，一名苏文达那，西洋之要会也。"[59] 据《郑和航海图》，明朝在苏门答剌亦设立了官厂，[60] 作为船队在此的中转站。何乔远在《名山藏》中述及"满剌加"时，称其为"诸番之会"。[61]《瀛涯胜览》中记载了明朝以满剌加为重要贸易中转站的事实，"中国宝船到彼，则立排栅，城垣设四门更鼓楼，夜则提铃巡警。内又立重栅小城，盖造库藏仓廒，一应钱粮顿放在内。去各国船只俱回到此取齐，打整番货，装载停当，等候南风正顺于五月中旬开洋回还。"[62]

苏门答剌和满剌加是当时重要的东西方海上贸易中心，郑和船队在此购得黄金的可能性是极大的。搜寻史料可以发现，当时的苏门答剌和满剌加，黄金使用十分普遍。《东西洋考》中介绍苏门答剌的"交易"情况时，有"盖宋时称本肆多金、银、绫、锦，工匠技术，咸精其能，至今富饶犹昔也"[63] 的记载，可见苏门答剌本地多黄金，宋时已然。《瀛涯胜览》中记载了本地使用金钱的情形，"此处多有番船往来，所以诸般番货多有卖者。

56　[明]祝允明：《前闻记·下西洋》，《纪录汇编》卷202，全国图书馆文献缩微复制中心，1994年，第2205页。

57　陈佳荣、谢方、陆峻岭：《古代南海地名汇释》，中华书局，1966年，第417页。

58　陈佳荣、谢方、陆峻岭：《古代南海地名汇释》，中华书局，1966年，第817页。

59　[明]张燮著，谢方点校：《东西洋考》，中华书局，1981年，第70页。

60　向达整理：《郑和航海图》，中华书局，1961年，第53页。

61　[明]何乔远：《名山藏·王享记三》，北京大学出版社，1993年，第6147页。

62　[明]马欢著，万明校注：《明钞本〈瀛涯胜览〉校注》，海洋出版社，2005年，第41页。

63　[明]张燮著，谢方点校：《东西洋考》，中华书局，1981年，第77页。

其国使用金钱、锡钱。其金钱番名底那儿，以七成淡金铸造，每个圆径五分，面底有文，官秤三分五厘"。[64] 据《瀛涯胜览》记载，满剌加被暹罗统辖时曾向暹罗"岁输金四十两"[65]。在满剌加向明廷进贡的贡物清单里，亦有"金厢戒指"。[66] 可见，在苏门答剌和满剌加的市场上，黄金应当是容易买到的。

综上，根据《前闻记》记载的郑和主船队最后一次下西洋的回程时间及路线，苏门答剌和满剌加恰好在郑和船队第五次下西洋到访地区之列，且黄金在苏门答剌和满剌加易于购得的事实，笔者推测，梁庄王墓出土的錾刻有"自西洋等处买到"字样的金锭之金料，很可能是在苏门答剌或满剌加一带购得的。錾刻有"西洋"铭文的金锭，是明初与"西洋"地区进行海外贸易的真实物证，而郑和下西洋联通的贸易网络，则是承继前朝遗产而来。

三、梁庄王墓出土文物与元朝遗产的承继

梁庄王墓的出土文物带有明确的元代传统因素，出土的宝石等器物之获取，亦可能与明初承继前朝而来的贸易网络紧密相关。梁庄王墓的出土文物何以与元代的传统与贸易网络密切相关？下面笔者尝试进行简要分析。

（一）朱元璋对元朝正统地位的承认

明初继承了部分元朝的制度和习俗。正如万历时臧懋循所言，"我明之初……然能黜元统而不能尽废元法"，"大抵开创之始，所引用者皆胜国之人，而所习见者皆胜国之事。故一时纡画厝注，有不得不相沿袭者。是以汉不废秦，唐不废隋，盖其势然也。"[67] 明初，明太祖朱元璋一定程度上承认了元朝的正统性。1367年，朱元璋在北伐中原之檄文中表明，"自古帝王临御天下，中国居内以制夷狄，夷狄居外以奉中国，未闻以夷狄居中国治天下者也。自宋祚倾移，元以北狄入主中国，四海内外罔不臣服，此岂人力，实乃天授……当此之时，天运循环，中原气盛，亿兆之中，当降生圣人，驱逐胡虏，恢

64　[明]马欢著，万明校注：《明钞本〈瀛涯胜览〉校注》，海洋出版社，2005年，第47页。

65　[明]马欢著，万明校注：《明钞本〈瀛涯胜览〉校注》，海洋出版社，2005年，第37页。

66　[明]黄省曾著，谢方校注：《西洋朝贡典录校注》，中华书局2000年，第41页。

67　[明]臧懋循：《负苞堂集》卷3，《元史纪事本末序》，古典文学出版社，1958年，第41页。

复中华、立纲陈纪、救济斯民……予恭天成命，罔敢自安，方欲遣兵北逐群虏、拯生民于涂炭、复汉官之威仪。"[68]朱元璋在此檄文中，一方面坚持传统"夷夏观"的认识，如欲"驱逐胡虏、恢复中华、立纲陈纪、救济斯民……复汉官之威仪"，以重新确立汉民族的统治地位；另一方面，明太祖也承认元人以北狄的身份入主中国，"实乃天授"，即认可了元代的正统地位。明王朝为证明其合法性，需要承认元朝的正统地位；同时，部分继承元朝制度和习俗的事实，也使得元朝的正统地位在明初得到认可。[69]有鉴于此，明初在物质生活和制度文化上部分因袭元朝传统，便获得了合法性。

（二）郑和下西洋与元代的航海遗产

梁庄王墓出土的宝石、"西洋"金锭等文物，是明初郑和下西洋贸易行为的直接产物。郑和下西洋是我国古代航海史上具有里程碑意义的重要事件，而成就这一航海壮举的直接因素，便是元代的遗产。

元代中国的地理疆域广阔空前，人们的地理活动范围显著扩大，"中国之往复商贩于殊庭异域之中者，如东西州焉。"[70]穆斯林知识分子将继承了古希腊、罗马科学的穆斯林科学传播至汉地，开阔了中原人的地理视域，丰富了既有的地理知识。元代随商船游历的汪大渊，称其在《岛夷志略》中记载的二百多处国家和地区，"皆身所游览，耳目所亲见"[71]，这些地区皆不见于前代著述，可见元代海外交通的范围极大地扩展了。明代费信所著《星槎胜览》之内容，"半采汪大渊《岛夷志略》之文"[72]。《郑和航海图》中的许多名称，也已见于《岛夷志略》和元代其他文献材料。[73]可见明初郑和下西洋途经之地区，应是在元朝贸易网络所抵达地区的基础上发展而来。元朝官军的航海成就为郑和下西洋奠定了坚实基础。[74]蒙元水师的建立和发展受到重视，其在当时的西太平洋、印度洋海域地位举足轻重，是元朝进行海外扩张的坚实基础。[75]元朝官军水师的成就为明初郑和下

68 《明太祖实录》卷26，"中央研究院"历史语言研究所，1968年，第401、403页。

69 张显清、林金树主编：《明代政治史（下册）》，广西师范大学出版社，2003年，第1095–1096页。

70 ［元］汪大渊著，苏继庼校释：《岛夷志后序》，《岛夷志略校释》，中华书局，1981年，第385页。

71 ［元］汪大渊著，苏继庼校释：《岛夷志后序》，《岛夷志略校释》，中华书局，1981年，第385页。

72 ［明］马欢著，冯承钧校注：《瀛涯胜览校注》，中华书局，1955年，第2页。

73 陈得芝：《元代海外交通的发展与明初郑和下西洋》，《蒙元史研究丛稿》，人民出版社，2005年，第420页。

74 周运中：《中国南洋古代交通史》，厦门大学出版社，2015年，第270页。

75 刘迎胜：《从太平洋到印度洋——郑和时代以前中国航海家的足迹与亚洲的海洋活动传统》，《海路与陆路：中古时代东西交流研究》，北京大学出版社，2011年，第208页。

西洋提供了直接准备。明代的造船技术亦是在元代的基础上发展而来。元代的四桅远洋海船，为明初郑和船队中五桅战船、六桅坐船、七桅粮船、八桅马船、九桅宝船的建造，提供了重要的技术准备。明初建造大船的物质基础、技术条件，更是建立在前代发展的基础之上。[76]郑和下西洋时期的航海技术，是基于唐宋以来的航海经验，特别是元代的航海成就发展起来的。[77]以上种种，皆是前代为明初郑和下西洋准备的重要条件。

明朝建立之初，统治者欲通过改革前朝制度，恢复唐宋之传统，以树立汉人政权的正统性，巩固其统治的合法性。但通过梁庄王墓出土文物，我们发现元代的部分习俗与传统，在明初继续发挥着影响。元人的服饰、用具、精神信仰，并未因朝代的骤然更迭被全然抛弃，而是依旧鲜活地呈现于明初贵族的物质生活细节之中。元代官军的远洋航海成就，在明初也继续发挥着积极作用，它直接影响了郑和下西洋这一历史事件的发生。明初，新王朝在建立新制度与新传统的同时，部分承继了前朝的旧传统。这一方面是因为元代的正统性在明初并未被完全否定，一些传统得以保留；另一方面，明王朝可以借此有效继承和利用前朝的政治遗产，扩大新王朝的政治影响力。

76　中国航海学会编：《中国航海史（古代航海史）》，人民交通出版社，1988年，第225、229、230页。

77　陈得芝：《元代海外交通的发展与明初郑和下西洋》，《蒙元史研究丛稿》，人民出版社，2005年，第414页。

梁庄王朱瞻垍（1411~1441年）是明仁宗朱高炽（1424~1425年在位）第九子，封地位于今湖北钟祥。作为重要的皇室成员，梁庄王和王妃的礼仪服饰、生活用具皆遵从皇家礼法制度，精神信仰深受宫廷影响。他们生活的时代，正值明朝对外开拓之际，郑和船队多次远航西洋。郑和船队带回的异域珍宝经银作局工匠精心打造，由大明朝廷赏赐给梁庄王。本展览通过展示梁庄王墓出土的珍贵文物，再现了梁庄王及王妃的贵族生活。

庙号	年号	姓名
太祖	洪武（1368~1398年）	朱元璋
惠宗	建文（1399~1402年）	朱允炆（太祖孙）
成祖	永乐（1403~1424年）	朱　棣（太祖子）
仁宗	洪熙（1425年）	朱高炽（成祖子）
宣宗	宣德（1426~1435年）	朱瞻基（仁宗子）
英宗	正统（1436~1449年）	朱祁镇（宣宗子）
代宗	景泰（1450~1456年）	朱祁钰（宣宗子）
英宗	天顺（1457~1464年）	朱祁镇（宣宗子）
宪宗	成化（1465~1487年）	朱见深（英宗子）
孝宗	弘治（1488~1505年）	朱祐樘（宪宗子）
武宗	正德（1506~1521年）	朱厚照（孝宗子）
世宗	嘉靖（1522~1566年）	朱厚熜（宪宗孙）
穆宗	隆庆（1567~1572年）	朱载垕（世宗子）
神宗	万历（1573~1620年）	朱翊钧（穆宗子）
光宗	泰昌（1620年）	朱常洛（神宗子）
熹宗	天启（1621~1627年）	朱由校（光宗子）
思宗	崇祯（1628~1644年）	朱由检（光宗子）

梁·庄·王·珍·藏

第一单元

天潢贵胄

梁庄王凭借朝廷赏赐的封地和宗禄，享受着精致的生活。礼仪场合中，衣服衮冕，腰系玉带，手持玉圭；日常生活中，金爵盛酒，瓷锺奉茶，银盒储物。金大黑天等密教法器则反映了梁庄王的信仰生活。

铁刀

铁、金
残长 65、刀身中宽 3.4 厘米

刀体为铁质，鞘为皮包木质，已朽。鞘顶有一金片制成的珌，饰海水云龙纹。

◎ 铁刀局部
刀根处有两个金箍，饰云龙纹；
刀格处包金金片上的圆凸泡内饰折枝菊花纹。

◎ 铁刀刀首
刀首两面各饰一组云龙纹和一组串枝菊花纹。

髹漆铁盔

铁

高 18 厘米，盔沿径：纵 26、横 23.8 厘米

盔内焊接一个由十二根竖置铁条组成的内框架。通
体胶贴平纹麻布，髹红漆。在盔顶正前方，有金粉
书写的"勇"字。台北故宫博物院藏《明人出警入
跸图》中，描绘有佩戴此式头盔的侍卫形象。

藩王分封

明朝建立之初，太祖分封诸藩王至各地冲要，藩王手握重兵。洪武末年至宣德年间，朝廷逐渐解除藩王兵权。至梁庄王生活的年代，藩王实权被削弱，"分封而不赐土，列爵而不临民，食禄而不治事"。根据血缘亲疏，藩王分为亲王、郡王等不同等级。

梁庄王生平

梁庄王朱瞻垍，永乐九年（1411年）生，明仁宗第九子，宣宗之弟。永乐二十二年（1424年）被册封为梁王，宣德四年（1429年）就藩湖广安陆州（今湖北钟祥）。朱瞻垍"好学乐善，孝友谦恭"，深得宣德皇帝喜爱。他于正统六年（1441年）去世，谥曰"庄"，故称梁庄王，身后未留下世子继承封地、爵位。

梁庄王有正妃纪氏、继妃魏氏、夫人张氏和两位女儿。纪氏早夭。梁庄王于宣德八年（1433年）续娶魏氏为妃。魏氏在梁庄王故去十年后去世，享年三十八岁，与梁庄王合葬。

亲王宗禄与庄田

明代初期，藩王在朱元璋为其子孙设计的宗藩制度下享受着优渥的物质生活。据《明宣宗实录》记载，梁庄王之国后，每年获得朝廷赏赐的禄米万石，钞十万贯。宣德五年（1430年），朝廷将已故的郢王之庄宅田园、安陆护卫官军所遗留的房屋田土赐予梁庄王。明代中后期，宗藩人数急剧膨胀，宗禄成为明朝财政的沉重负担。

梁庄王圹志盖

石

长 73、宽 72.7、厚 10.6 厘米

志盖文："梁庄王墓"。

梁庄王圹志底

石

长 72.5、宽 72.5、厚 10.2 厘米

志石刻文十五行190字，曰："梁庄王圹志。王讳瞻坦，仁宗昭皇帝第九子，母恭肃贵妃郭氏。生于永乐九年六月十七日，二十二年十月十一日册为梁王，宣德四年八月之国湖广之安陆州，正统六年正月十二日以疾薨。讣闻，上哀悼之，辍视朝三日，命有司致祭，营葬如制，谥曰：'庄'。妃纪氏，安庆卫指挥詹之女。继妃魏氏，南城兵马指挥亨之女。女二人。王以是年八月二十六日葬封内瑜坪山之原。呜呼！王赋性明达，资度英伟，好学乐善，孝友谦恭，宜臻高寿，以享荣贵。甫壮而逝，岂非命耶？爰述其概，纳之幽圹，用垂永久云。"

亲王衣冠

礼仪服饰是皇室彰显宗亲政治身份及地位的重要载体。亲王礼服有衮冕与皮弁服，便服有常服与保和冠服。

亲王礼服

亲王参加助祭、谒庙、朝贺、受册、纳妃等礼仪活动时穿着衮冕，参加朔望朝、降诏、降香、进表、四夷朝贡、朝觐等活动时穿着皮弁服。

◎ 山东邹县鲁荒王墓出土冕冠

据《明会典》卷 60《冠服一·亲王冠服》，洪武二十六年规定，"冕五采玉珠九旒，红组缨，青纩充耳，金簪导。"永乐三年规定，"冕冠玄表朱里，前圆后方，前后各九旒。每旒各五采缫九就，贯五采玉九，赤、白、青、黄、黑相次。玉衡金簪玄紞，垂青纩充耳，承以白玉瑱，朱纮缨"。

冕冠

金、玉

复原长 47.5、宽 23.5、通高 23.5 厘米，重 372.9 克

冕冠是衮冕服制中的礼帽。永乐三年（1405 年）规定，亲王冕冠前后各九旒，冕旒串珠应有五色。梁庄王墓所出的冕冠，串珠颜色仅四种。出土时冕冠綖板（冠顶板）和冠卷（冠周沿）已朽，尚存 140 件金玉附件。今据山东鲁荒王冕冠复原。

皮弁

金、玉

复原长 27、宽 19、通高 19 厘米，总重 140.3 克

皮弁是古代帝王和士大夫在祭祀或朝会时戴的礼冠。永乐三年（1405 年）规定，亲王皮弁外用乌纱，前后各九缝，饰五色玉珠九颗。梁庄王墓所出的皮弁，串珠颜色仅四种。出土时皮弁已朽，尚存金玉附件 134 件。

帽顶是笠帽顶部的饰物。笠帽是一种有大沿的帽子，元代王公贵族以戴笠帽为常。至明代，笠帽作为王公贵族的燕居之服被保留下来。依佩戴者的身份等级，帽顶可用玉、金、银、玛瑙、水晶、香木等装饰。《明史·舆服三》载："凡职官，一品、二品……帽顶、帽珠用玉；三品至五品……帽顶用金，帽珠除玉外，随所用；六品至九品……帽顶用银，帽珠玛瑙、水晶、香木。"

金镶无色蓝宝石帽顶

金、红宝石、蓝宝石
通高 7.5、直径 4.8 厘米，重 76.7 克

金镶宝石莲花底座上镶嵌红、蓝宝石，仰莲瓣面上镶嵌五颗红宝石，覆莲瓣面上镶嵌红宝石一颗、蓝宝石三颗，座顶端"拴丝镶"一颗约 200 克拉的橄榄形无色蓝宝石。"拴丝镶"是用一根金丝从蓝宝石的竖孔中自顶而底穿过，再穿入"仰莲托"内的穿孔，并在托的外底面以"搓花丝"固定。

◎ 帽顶底部

◎ 明代《朱瞻基行乐图》（局部，故宫博物院藏）中佩戴帽顶的明宣宗朱瞻基（右一）

金镶淡黄蓝宝石帽顶

金、蓝宝石、红宝石、绿松石

通高 4.8、直径 5.2 厘米，重 41.3 克

该帽顶底座的覆莲瓣面上爪镶红宝石、蓝宝石、绿松石，座顶端"拴丝镶"一颗较大的浅黄色蓝宝石。上层座顶边缘金焊一周联珠纹。

金累丝镶宝石帽顶

金、红宝石、蓝宝石
通高 3.4、直径 5 厘米，重 38.2 克

该帽顶底座采用花丝工艺镂空成五层，座面及第三、第五层皆饰莲瓣造型，座面托起的座柄上下端各金焊一道联珠纹箍，器身镶嵌的红、蓝宝石点缀其间。座顶造型为八瓣仰莲花，其花心托底有两个小穿孔，应系"拴丝镶"之子遗，原镶嵌物已佚。

金镶宝石白玉龙穿牡丹帽顶

金、玉、红宝石、蓝宝石、绿松石
通高 6.3 厘米，底座长径 6.6、短径 5.9 厘米，重 80.1 克

此帽顶底座的覆莲瓣面上存镶红宝石、蓝宝石、绿松石。座顶爪镶一件白玉透雕龙穿牡丹饰，龙身由四朵牡丹花、叶丛中穿行而出。底座口沿后端的两根管状饰物或用以插翎毛。

金镶宝石白玉云龙帽顶

金、玉、红宝石、蓝宝石、绿松石

通高 7 厘米，底座长径 7.8、短径 7 厘米，重 114.6 克

此帽顶底座的覆莲瓣面上存镶红宝石、蓝宝石、绿松石。
座顶外缘焊有两周联珠纹，内底有两对单向钻的小穿
孔。顶饰为一件白玉透雕云龙饰，龙身蟠屈于云丛中。
顶饰底部有两对孔，与金座顶内底两对小穿孔相对应，
但不见连接两者之穿缀物。

明代承袭了唐宋男子簪花的习俗。男子在立春、科举及第、婚礼、出征、生活休闲等节令、场合簪花。

牡丹花簪

金

通长 13.4 厘米，簪头花瓣宽 10、厚 3 厘米，重 60 克

牡丹花造型簪头由四层花叶组成，叶面饰有叶脉纹，层间饰有花须。出土于梁庄王棺床上。

◎ 牡丹花簪等出土现场

明代腰带有革带、束带和绦带。革带是衮冕服的组成部分，束带则属于常服。

革带由皮质带鞓及钉缀在其上的带銙组成，带銙材质有玉、金等。臣僚玉带一般由20件带銙组成，但实际上革带的带銙数量不等，梁庄王墓有15、18、19、20甚至24件者。

革带是身份性饰物，使用有极严格的规定。亲王和亲王妃着礼服时佩玉革带。

金累丝镶宝石带

金、红宝石、蓝宝石、祖母绿、东陵石、长石

中心方长 4.9、宽 3.7、高 1.7 厘米；小方长 3.7、宽 1.7、高 1.2 厘米；"六桃"中长 3.6、横径 3.7、高 1.2 厘米；"两辅弼"长 3.7、宽 1.7、高 1.2 厘米，鍌长 3.8、宽 0.8、厚 0.1 厘米；"双铊尾"中长 6、宽 3.7、高 1.5 厘米；"九排方"长 5.3、宽 3.7、高 1.2 厘米；"双带扣"各长 3、把宽 2、厚 0.2 厘米；共重 641.9 克

该带"排方"九件，"小方"四件，较定制各多两件。铐面主体以极细的金丝掐成卷云纹，铐面镶嵌宝石。"双铊尾"底面饰有镂空云龙纹。全带共存镶红宝石、蓝宝石、祖母绿、东陵石、长石共 84 颗。中心方、"九排方""双铊尾""六桃"铐面缺少的一颗镶嵌物疑原为有机物质。

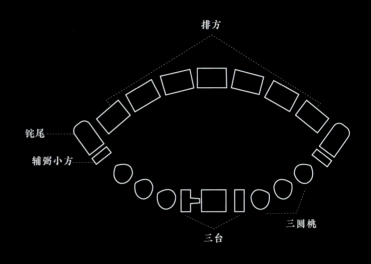

李贞像（南京博物院藏）　　王鏊像（南京博物院藏）

◎ 明朝官员佩腰带示意图

金镶宝石带

金、蓝宝石、祖母绿、金绿宝石、金绿宝石猫眼、
石英猫眼、绿松石、绿柱石、东陵石
中心方长5.7、宽4.2、通座厚1.3厘米；左右小方长4.2、
宽2.6、厚1厘米；插销全长3.9、头宽1.1、头厚0.15
厘米；"六桃"中长4、宽4.2、厚0.9厘米；"两
辅弼"长4.8、宽2.8、厚1.1厘米，錾长4、宽0.3、
厚0.1厘米；"双铊尾"中长8.2、宽3.8、厚1厘米；
"七排方"长6.3～6.7、宽3.65、厚1～1.2厘米；"双
带扣"长3.1、把宽3、厚0.3厘米；共重510.9克

"双铊尾"底面錾凿有镂空云龙纹。全带共镶嵌蓝宝
石、祖母绿、金绿宝石、金绿宝石猫眼、石英猫眼、
绿松石、绿柱石、东陵石共98颗。

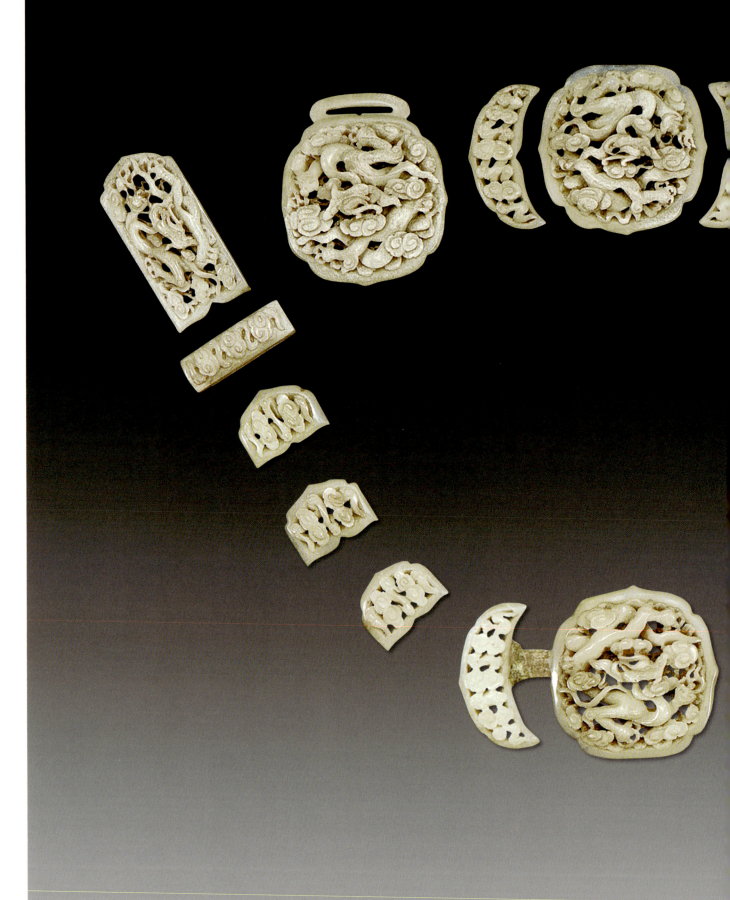

青白玉镂空云龙纹带

青白玉、铜

"前三台"中心方长7.9、宽8.1、厚1.4厘米；左右小方各长6.8、宽2.4、厚1.1～1.3厘米；"六桃"长4、宽3、厚0.8厘米；"两辅弼"长5.5、宽1.7、高2.1厘米；"双铊尾"长8.4、宽4.1、厚1.2厘米；"双鞡鞢"长8.9、宽8、厚1.3厘米；"后三台"中心方长7.9、宽8.1、厚1.5厘米；左右小方各长6.8、宽2.4、厚1.1厘米；总重700.4克

此玉带形制特殊，由"六桃""两辅弼""双铊尾""双鞡鞢"和前后"三台"组成。前后"三台"的中心方、"双铊尾""双鞡鞢"均饰双层镂空云龙纹，前后"三台"左右小方和"六桃"均饰单层镂空云纹，"两辅弼"则饰浮雕云纹。其斜向浮出立体深雕工艺为元代特色，云纹均呈缠枝灵芝形。

鞢
韘
带

鞢韘为系在铐环上的系物之带，垂鞢韘的腰带称为鞢韘带。鞢韘带是北方游牧民族使用的带饰，与其居无定处，需随身携带生活用具的习惯有关，后传入中原。

白玉吐鹘带

白玉、金

金针玉带扣长 6.5、宽 5.2、厚 1.3 厘米；玉镶金带箍长 4.5、宽 3、厚 1.4 厘米；椭圆形鹘捕鹅鞢韘环长 3.8、3.7、3.7 厘米，宽 3.1、2.9、3 厘米，厚 1 厘米；长条形鹘捕鹅铐长 12.2、12、12.4 厘米，中宽 3.3 厘米，厚 1.1 厘米；长方形鹘捕鹅铊尾长 4.4、宽 2.7、厚 0.7 厘米；总重 365.2 克

这条玉带由浅浮雕海东青捕天鹅纹金针玉带扣、浅浮雕海东青捕天鹅纹玉镶金带箍、长条形海东青捕天鹅铐、椭圆形海东青捕天鹅鞢韘环、长方形海东青捕天鹅铊尾组成。梁庄王墓出土的白玉吐鹘带原本或为金皇室用品，曾经历过改制和转赐。按明制，皇帝至文武官员的常服使用束带，只有一品以上官员的束带才能用玉带铐。

◎ 白玉吐鹘带玉镶金带箍纹饰

吐
鹘
带

海东青天鹅束带，金代人称之为"吐鹘"，其材质有玉、金、犀象骨角。皇帝衮服所搭配的腰带上也有七件玉鹅饰件。

吐鹘带的装饰题材有春水、秋山等。金代将辽代"四时捺钵"制度改为春、秋两季的捕猎活动，皇帝春天到河边纵海东青以捕鹅雁，秋季到山林中狩猎鹿虎熊兔。金代人将此题材定名为"春水""秋山"。

◎ 鞢鞢

◎ 金针玉带扣

白玉素面带

白玉、铜

中心方长 6.4、宽 5.5、连座厚 1.5 厘米；左小方长 5.5、宽 2.5、厚 0.7 厘米；右小方长 5.5、宽 2.5、连销厚 1.3 厘米；插销全长 4.5、底宽 2.2、头宽 1.4、头厚 0.25 厘米；"六桃"中长 5.3、宽 5.3、厚 0.7 厘米；"两辅弼"长 5、5.1 厘米，宽 1.9、2 厘米，厚 0.7 厘米；"双铊尾"中长 8.6、宽 5.1、厚 0.7 厘米；"七排方"长 6.5～7.7、宽 5.1、厚 0.7 厘米；"双带扣"长 4.5、宽 5、厚 0.7 厘米；共重 1205.4 克

由"三台""六桃""两辅弼""双铊尾""七排方"和两件鎏金铜带扣组成。

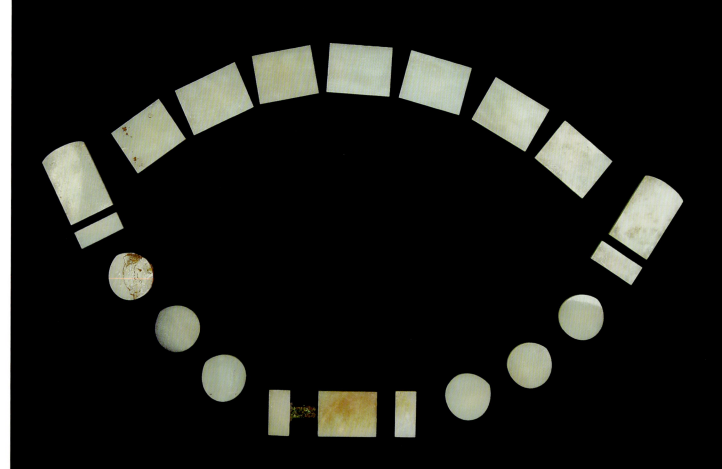

金镶青白玉带

青白玉、金

中心方长6.7、宽5.5、厚0.9厘米；左右小方长5.4、宽2.3、厚0.9厘米；金插销长5.3、头宽1.2、头厚0.2厘米；"六桃"中长4.9～5.2、宽5.1、厚0.9厘米；"两辅弼"长5.3、宽1.7、厚0.9厘米，錾长5.4、宽1.1、厚0.1厘米；"双铊尾"中长9.9、宽5.3、厚1.3厘米；"七排方"长7.3～8.4、宽5.3、厚0.9厘米；"双带扣"长4.3、把宽4.1、中厚0.2厘米；共重1523.4克

由"三台""六桃""两辅弼""双铊尾""七排方"和两件金带扣及脱落的金插销组成。"双铊尾"底面錾凿有镂空云龙纹，其中一件"辅弼"的錾面上刻有"金拾壹两玖钱外底板银叁两陆钱"铭文。

◎ "辅弼"錾上铭文

金镶青白玉镂空龙穿牡丹纹带

青白玉、金

中心方长6.2、宽5、厚1.3厘米；左右小方长5.1、宽2.5、厚0.8厘米；金插销长5.1、头宽1.2、头厚0.2厘米；"六桃"中长5.1、宽5.1、厚0.8厘米；"两辅弼"长5.1、宽2.4、厚0.9厘米，錾长5.3、宽1.4、厚0.1厘米；"双铊尾"中长10.1、10.4厘米，宽5、厚1.2厘米；"七排方"长6.4～7、宽5、厚0.5厘米；"双带扣"长4.3、把宽4、中厚0.5厘米；共重1011.4克

由"三台""六桃""两辅弼""双铊尾""七排方"和两件金带扣组成。带銙的花纹构图为一条龙穿行于缠枝牡丹之间。"双铊尾"底面錾凿有镂空云龙纹，其中一件"辅弼"的錾面上刻有"金拾两伍钱外银底板叁两肆钱"铭文。

◎ "辅弼"銎上铭文

◎ "铊尾"背面纹饰

　　丝（布）质绦带常在闲居时使用。绦带的带头有"绦环""三台"等名称，由中心方和左右小方 3 件带銙组成。梁庄王墓共出土 6 件绦环，每件带銙上均镶嵌有玉饰、玻璃或宝石。

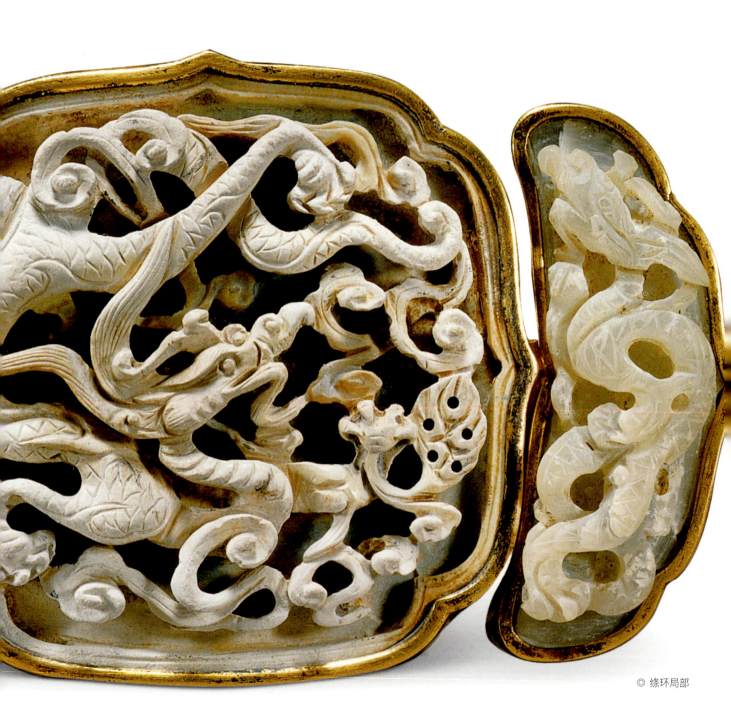

◎ 绦环局部

金镶青白玉隐起云龙纹绦环

青白玉、金

通长 11.3 厘米，中宽 6.7、中厚 2.3 厘米，重 284.9 克

中心方饰降龙纹，龙周围饰卷云纹，左、右小方饰
升龙。中心方底板焊接一个方形插座和两个方錾，
右小方底板焊接一根插销和三个方錾，左小方底焊
接两个方錾。

金镶青白玉云龙绦环

青白玉、金

通长 10.9 厘米，中宽 4.8、中厚 0.9 厘米，重 140.9 克

中心方饰云丛中回首之行龙纹，左、右小方饰云纹。该器底板上无插座和插销，11 对并列穿孔内无穿缀物残留，推测其插座、插销可能是用丝质或皮革制的扣襻、扣子（带）替代，穿缀物可能为丝线。

金镶玻璃隐起双狮戏球绦环

金、玻璃

通长 8 厘米，中宽 2.8、中厚 1.3 厘米，重 83.8 克

中心方饰双狮戏球纹，左、右小方饰太湖石纹。镶嵌饰件材质为铅玻璃。中心方底板焊接一个方形插座和两个方銎，右小方底板焊接一根插销和两个方銎，左小方底焊接两个方銎，底内侧侈出一方舌。

◎ 绦环局部

◎ 绦环局部

青白玉螭首绦钩

青白玉

长 15.1 厘米，重 148.8 克

取苍龙"教子升天"的题材。上勾颈雕成龙首形，
龙首下望，龙身自然随形而成绦身，其上雕出小
螭，跃跃将升。在闲居之时，绦带更为常用。绦钩
及绦环的作用都是连接绦带。

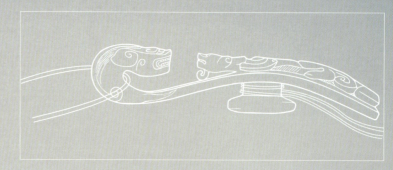

◎ 绦钩使用方式示意图

蔽膝

蔽膝是加于裳外的围裙状饰物。上自皇帝，下至郡王的衮服、皮弁服，及文武官员的朝服均使用蔽膝，蔽膝上有钩相连。

云形头金钩（2件）

金

长 6.7 厘米，重 18.7 克

长 5.8 厘米，重 18.8 克

钩头呈如意云形，上有三组呈"品"字形分布的小穿孔，每组二孔。据万历《明会典》卷 60《冠服一·亲王冠服》，这应是亲王衮冕或皮弁服上的一对"蔽膝"金钩。钩上"品"字形的孔眼即便于钉牢之用。

方环头金钩（2件）

金

长 7.4 厘米，重 61.9、60.5 克

出土时与冕冠、皮弁相邻，可能是冕冠、皮弁的挂钩。

玉佩是亲王衮服和皮弁服中的饰物，又称为"玉玎珰""玉禁步"，垂挂于革带两侧。梁庄王墓出土了8挂玉佩。

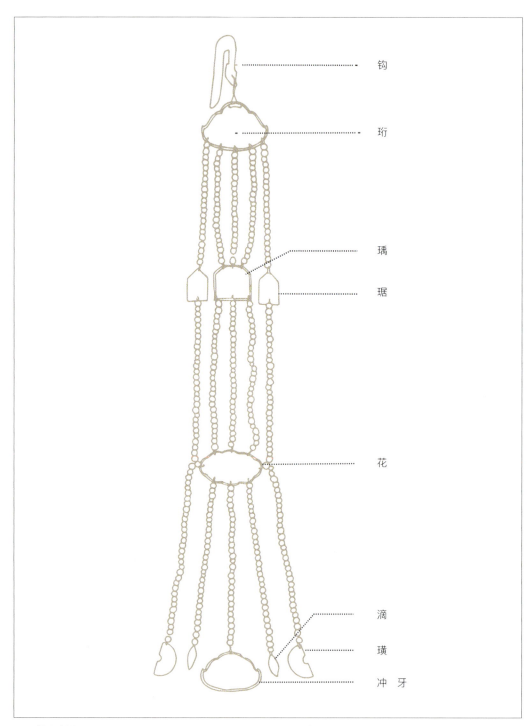

钩

珩

瑀

琚

花

滴

璜

冲牙

◎ 玉佩示意图

◎ 瑀、琚纹饰

描金龙纹玉佩

青白玉
复原通长80厘米，重359.1克

珩、瑀、花、冲牙的正面各阴刻五爪单龙纹，龙屈体
腾跃。冲牙反面阴刻三朵并列的双层如意云纹，两
琚、两璜的正面各阴刻一朵双层如意云纹。纹饰之
上皆描金。

玉圭是用于祭祀、朝觐、婚聘、对外交往等场合的礼器。明代皇帝、皇后、皇太子、亲王、郡王所用玉圭的尺寸、纹饰皆遵循礼制规定，永乐三年（1405 年）规定亲王用"玉圭长九寸二分五厘"。

青白玉素面圭

青白玉

长 25.7、宽 6.6、厚 1.1 厘米，重 530 克

此圭属梁庄王随身握持的随葬品，出土的另两件青玉质素面圭置匣备用。

2

王府器用

梁庄王墓出土的金银用具和精美瓷器，再现了王府内精致奢华的生活，彰显出亲王的尊贵身份。金银器皿是明代皇族贵戚的日常器用，墓中所出的青花瓷为明前期之官窑精品。

明代前期的黄金

太祖认为金银矿最为民害，禁止民间以金银贸易。永宣时期禁令虽有松动，但因征收高矿税，黄金生产仍被抑制。洪熙元年，民间金银流通受到严格限制，有限的黄金基本成为皇室成员及高级贵族的消费品。外国贡金及海外采买黄金是明前期用金来源之一。

银作局

银作局为明代二十四衙门之一，设于洪武三十年（1397年），是专为宫廷制造金银供用器皿、冠服首饰的作坊。此外，银作局还承担为国库铸造银两的职责。

金素杏叶壶

金

通高 26.4、口径 6.4 厘米，重 868.4 克

斟酒之器。底部刻有"银作局洪熙元年正月内成造捌成伍色金贰拾叁两盖嘴攀索全外焊壹分"铭文。这种执壶造型仿自伊斯兰金属器，也影响了同期的瓷器造型。

◎ 金壶底部铭文

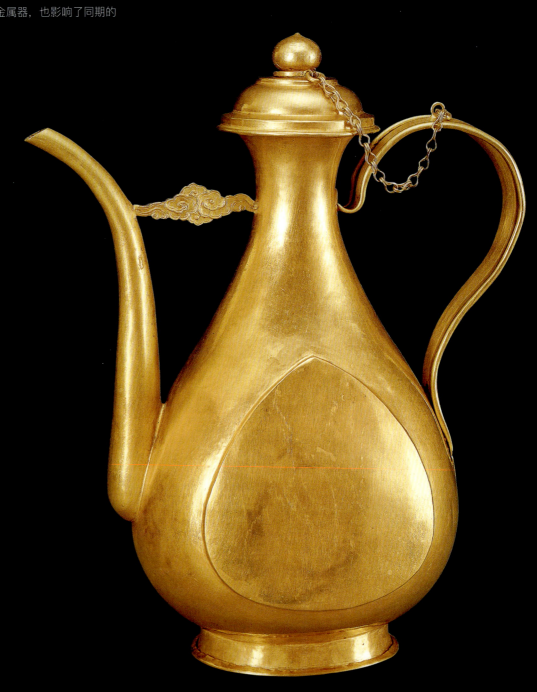

◎ 明洪武青花蕉叶竹石纹执壶
（景德镇御窑博物院藏）

金爵

金

高 10 厘米，流尾长 10.2、中宽 4 厘米，重 162.7 克

一套三件，由鎏金银爵盏、金爵、银爵组成。金爵原置于鎏金银爵盏上，出土时已脱落。金爵口外饰一周云纹，鋬头饰龙首纹，其中一足内侧刻有"成色金四两叁钱伍分重"铭文。

银爵

银

高 10.4 厘米，流尾长 11、中宽 4.6 厘米，重 97.5 克

原置于鎏金银爵盏上，出土时脱落。银爵口外饰一周云纹，鋬头饰龙首纹。流下左右二足的内侧各刻一纵行铭文，左足铭文为"外度金三分"，右足铭文为"银三两玖钱"。

鎏金银爵盏

银、金

通高 7、长 27、宽 14 厘米，重 563.7 克

通体鎏金。盏内两个托柱用于放置金爵和银爵。爵
盏口沿面饰变形云纹，内底以海水纹为地饰两条腾
龙纹，两龙分别绕托柱底，托柱外壁饰山峰纹。爵
盏、托柱及二爵的造型与纹饰，组合成海水、山崖、
飞云、腾龙托起金、银二爵的景象。

◎ 金爵、银爵、鎏金银爵盏

◎ 鎏金银爵盏局部

金盆

金

高 7.5、口径 41、底径 28 厘米，重 1700.2 克

金盂

金

高 5.2、口径 15.6、底径 10.5 厘米，重 364 克

其器形、大小与定陵出土的漱具"金漱盂"基本相
同，功用也应与之类同。

金匙

金

长 26、匙身宽 4.1 厘米，重 94.2 克

出自银提梁罐内。饰有七道竹节纹。金匙柄背面有
"银作局洪熙元年正月内造捌成伍色金贰两伍钱"
铭文。

银作局洪熙元年正月内造捌成伍色金贰两伍钱

银作局洪熙元年正月内造捌成伍色金贰两伍钱

◎ 金匙柄部铭文

◎ 金箸柄部铭文

金箸

金

箸长 24 厘米，重 117.2 克

出自银提梁罐内。中部铸六道竹节纹。每支箸柄上
刻有"银作局永乐贰拾贰年拾月内改造捌成色金壹
两伍钱柒分伍厘"铭文。

　　宋代已有用于饮加料茶的镂空茶匙，明代茶匙既可以撩拨漂浮在水面上的茶叶，又可以捞取果茶饮品中的果品、果仁、笋、豆之类的食品。此类茶匙的盛行与果品点茶之风有关。

金茶匙

金

长 15.5 厘米，重 11.8 克

细长匙柄上饰有二十二道弦纹，匙叶轻薄，形若一枚杏叶，叶心图案为团花，花心一朵小簇花镂空做。《金瓶梅词话》第三十五回 "不一时，棋童儿云南玛瑙雕漆方盘拿了两盏茶来，银镶竹丝茶锺，金杏叶茶匙，木樨青荳泡茶吃了"。

金镊子、金耳勺、金牙签

金
镊子长 4.3 厘米
耳勺长 4.6 厘米
牙签长 4.5 厘米

耳勺、牙签、镊子俗称"三事儿"，以链索为系，或
连筒或不连筒，通常拴于汗巾角。

金锭

梁庄王墓出土的两件金锭可能是皇帝赏赐给梁庄王的定亲礼物。据万历《明会典》卷 69《婚礼三·亲王婚礼》，亲王的定亲礼物有"金五十两"。梁庄王拥有的两枚"伍拾两重"金锭，可能与他先后两次婚姻有关。

金锭

金

长 14、两端宽 10、中宽 5.3、厚 0.8 厘米，重 1874.3 克

正面錾刻有"随驾银作局销镕/捌成色金伍拾两重/作头季鼎等/匠人黄关弟/永乐拾肆年捌月 日"铭文，表明该金锭金料来自内库，该金锭重 1874.3 克。"随驾银作局"刻款的器物多集中于永乐、宣德时期出现，随驾银作局的出现与消亡可能与明初复杂的定都过程有关。作头为管辖工匠者。

鎏金铜镶宝嵌玉枕顶（2件）

铜、玉、宝石、金
每件长 15.2、宽 14.8、高 2.5 厘米

枕顶内框为青白玉质，镶嵌青白玉透雕折枝荔枝；
外框为铜鎏金并镶嵌宝石十四颗。

银素杏叶壶

银
通高 21.6 厘米，重 718.6 克

此器系分件锤鍱（壶体、底、盖、纽、鋬、流、梁、
环），再焊接成器。

银盆

银

高 7.4、口径 44、底径 30.5 厘米，重 1634.2 克

器形与金盆相同。

银匙箸瓶

银

高 13.7、口径 5、底径 8.3 厘米，重 290.7 克

瓶底刻有"梁府承奉司造银捌两壹钱重"铭文。"承奉司"是洪武三年（1370 年）设置的亲王府内官机构，负责处理亲王府的内务。

◎ 银匙箸瓶底部铭文

银提梁罐

银

罐高 30、肩径 26、底径 13 厘米，重 1322.2 克

罐内原装有金箸一双、金匙一件、金茶匙一件
和银盒两件。

银锭

梁庄王墓共出土银锭 8 枚，其中大、小银锭各 4 枚。大银锭属于王的随葬品，小银锭属于王妃的随葬品。四枚大银锭的功用与两枚金锭相同，是朝廷赏赐给梁庄王的定亲礼物。据万历《明会典》卷 69《婚礼三·亲王婚礼》，亲王定亲礼物有"花银四百两"。此墓内仅随葬四枚"伍拾两"花银，共计二百两，不足"四百两"之数。

银锭

银

长 14.8 厘米，重 1865.9 克

锭面有"内承运库/花银伍拾两/严一等"铭文。明朝初年内承运库负责贮藏缎匹、金银、珠玉、象牙等，明朝中期渐为皇帝私库。碎银重新铸锭即为"花银"。

银锭

银

长 15.6 厘米，重 1869.3 克

锭面錾刻有"随/驾银作局销镕花银伍拾两重/监销银锭官秉魁/作头徐添保等/匠人计保保/永乐拾捌年肆月 日"铭文。

梁庄王墓出土瓷器以永乐、宣德时期的青花瓷为主，个别可能晚至正统时期。青花瓷是明前期官窑最重要的品种之一。永宣青花瓷质白而细，郑和七下西洋带回的高铁低锰的"苏麻离青"料，又使其色浓而艳。

梁庄王墓青花龙纹瓷锺出土时，瓷锺旁伴出有金盖和银托，由此可知锺、盖、托原是一套组合。由金盖上"承奉司正统二年造金锺盖四两九钱"的铭文可知，该器应名"锺"。

高足碗、杯的风行始于元代，它适应了元代伊斯兰地区人民席地而坐的传统。有学者认为，明代瓷锺的用途有茶、酒之别。梁庄王墓出土的瓷锺银托沿袭了宋元以来的茶托形制，故这套瓷锺应为"靶茶锺"。

◎ 金锺盖、青花龙纹瓷锺、鎏金银托盏

青花龙纹瓷锺

瓷
高 10.4、口径 15.6、圈足高 4.6、圈足径 4.1 厘米

除圈足口外，余皆通体施青白釉，白地青花。锺
外壁饰二龙赶珠图案，间饰如意云纹，圈足根饰
一周如意云纹；锺内壁口下饰一周串枝花草纹，
底部饰变形灵芝纹，中间壁面刻有龙纹暗花。当
属官窑产品。

◎ 金锺盖内铭文

金锺盖

金

高 5.2、口径 16.3 厘米，重 183 克

盖面饰龙赶珠纹和云纹，顶端有一宝珠纽。盖口沿
内壁有"承奉司正统二年造/金锺盖四两九钱"铭
文。此盖含金量 91.74%。

青花带盖梅瓶

瓷

通高 39、口径 5、肩径 20、底径 11.8、盖口径 9.7 厘米

青花釉色偏蓝。盖上置涡纹宝珠纽，顶面饰牡丹花纹，盖侧壁饰串枝牡丹花纹，颈部饰串枝花卉纹，肩腹间饰串枝番莲纹，腹底间饰八瓣仰莲瓣纹。梅瓶的造型出现于宋代。此式梅瓶两件出土于后龛内。番莲纹来自西亚金属器上的类似图案，仰莲瓣纹样在元青花上已出现。

◎ 青花带盖梅瓶出土现场

泥金龙纹瓷锺

瓷
高 10.7 厘米，口径 15.7 厘米

器身施青白釉。锺体外壁以波浪纹为地，腹上饰两条相
逐的描金升龙纹，圈足饰一周连续的描金云头纹；锺
体内壁底面饰描金单龙戏珠纹。因其出土自前室（墓内
的祭奠场所），且器内底饰有泥金龙纹，故其属于丧葬
专用瓷器。出土时置于一件漆木托案上。

3

密教信仰

明初宫廷延续了元代崇信藏传佛教的传统，藏传佛教以密教为主要内容和鲜明特色。梁庄王墓中出土大量藏密文物，说明当时贵族中盛行密教信仰。

元明宫廷密教信仰

藏传佛教各派领袖与蒙元政权联系密切。有元一代，宫廷和显贵以崇奉密教为风尚。明朝自太祖始，便针对藏区政教合一的现实扶持藏传佛教，宫廷中崇信藏传佛教之风大致始于永乐朝。

密教

密教的梵文原形是 Guhyayāna，guhya 为秘密之意，yāna 是佛教教派的指称，一般称为"乘"。密教起源于大乘佛教，认为一切众生都具备成佛的内在条件，修行者须增长善的因素，减少恶的因素以修得佛果。密教通过布施、菩提心、曼荼罗、真言、灌顶、手印、瑜伽等方便修道成佛，称为"方便乘"。密教认为修行时只要通过净除自身之"身、语、意"三业，将"身、口、意"有相三密与佛之无相三密对应，即可速证佛道，即身成佛。中国密教包括汉传密教、藏传密教、大理密教三大传承系统。

大黑天，梵语 Mahākāla 的意译，原是印度教湿婆神（Śiva）的忿怒形化身，佛教吸收其为护法神。藏传佛教认为大黑天是大日如来（Vairocana）降伏恶魔而示现的忿怒药叉主形象，又集战神、福神、冥府神、财宝神等于一身。

元代中原汉地流行的是萨迦派二臂大忿怒相的大黑天，明代萨迦派样式大黑天神像在宫廷仍有延续。

金大黑天舞姿神像

金

高 9.4、底宽 5.4 厘米，重 114.1 克

此神像一面二臂，三目圆睁，獠牙上出，双耳悬蛇，头戴五骷髅冠，肩饰帔帛，颈系骷髅璎珞，以蛇为钏镯，腰缠二蛇、围短裙，胸前横置一杖，裸脊赤脚，足蹈地神女天，右手执金刚杵柄钺刀，左手托嘎巴拉碗。烟火背光，下设莲座。背光边缘一周有十个小穿孔，可能为系缀于衣帽上的护身像。

◎ 金大黑天舞姿神像背面咒语

金大黑天舞姿神像

金

直径 3.1、厚 0.1 厘米，重 27.4 克

此件形象与另一件大黑天神像基本相同，此神像头冠为十骷髅冠，背光为圆形，背光边缘有三个等距小穿孔，可能为钉缀于衣帽上的饰物。反面錾刻"大里天心咒"佛教咒语，拉丁转写为：om śrī mahā–kālāya hūṃ hūṃ phaṭ svāhā，意为"皈依大黑天，破除一切魔"。此蓝扎体梵文咒亦见于明永乐大钟铭文。

金大鹏金翅鸟像

金
直径 4.6 厘米，重 13.8 克

大鹏金翅鸟由日轮环绕，金翅双展，鹰嘴猴面，三目圆睁，双耳坠饰，头戴宝冠，肩披飘带，嘴手执蛇，双足握龙，能为世人灭除毒龙毒蛇，盘旋于佛顶以施护卫。大鹏金翅鸟是迦楼罗（Garuḍa）的译名，是印度教主神毗湿奴的坐骑，也是佛教天龙八部之一。

鎏金铜龛阿弥陀佛像

铜、金
龛长 2.8、宽 2、高 3.8 厘米，重 38.3 克

龛内阿弥陀佛结跏趺坐于仰覆莲台座上。佛像头戴五佛冠，双目低垂，耳垂宝饰，颈系璎珞，身饰帔帛，双手结禅定印，掌中托宝瓶。两金簪出土时分别竖粘于龛之两侧。

该佛龛为藏密的"嘎乌（Gau）"，即装有佛像、经咒、圣物或舍利等的护身盒。阿弥陀佛是救苦救难、超度众生亡灵升入西天乐土的尊神。

金刚曼荼罗是藏传佛教时轮金刚乘的标志，是密乘本尊及其坛城合一的图文，又称"十相自在"，藏语读作"朗久旺丹"，它也是由三符（🌢●◡）、七梵字（𑖧𑖨𑖪𑖩𑖦𑖎𑖮）组成的时轮金刚咒。

三符为新月、圆点（又称明点）及竖笔形（又称慧尖），依次标志顶轮本尊之身、语、意；七个梵文字的读音依次为亚、热、瓦、拉、玛、恰、哈。"亚、热、瓦、拉"顺次标志所依无量宫基风、火、水、土四轮，"玛"字标志须弥山及无量宫，"恰"字标志诸能依者身、语、意本尊，"哈"字标志胸轮诸本尊。

◎ 金时轮金刚曼荼罗咒牌及金梵文种子字出土现场

金时轮金刚曼荼罗咒牌

金

直径 5.3 厘米，重 9.3 克

时轮金刚曼荼罗象征时轮金刚乘的全部宇宙观，表达了无二密乘时轮宗的最高教义，所以被认为具有最高的神圣意义与巨大的神秘力量。

金梵文种子字牌（2 件）

金

长 2.9、宽 2.1 厘米，重 2 克；
长 2.8、宽 2 厘米，重 1.6 克

种子字即代表佛、菩萨、天王或象征佛教经义的梵文符号，念诵梵咒和观想种子字都是密教的修行方法。该种子字音为"吽（hōng）"，原出于牛吼、虎怒之胸喉中声，乃古代吠陀仪式所用之真言，有疑惑、承诺、忿怒、恐怖、催破等义。密教将其圣化为诸天总种子字，其中含一切万法，故吟一字犹诵万法。

真言，即密咒，梵语称为陀罗尼，意译作总持、能持、能遮。陀罗尼原是一种记忆宗教经典和世俗文献的方法，后逐渐神秘化，与禁咒、明咒混同。初期陀罗尼经称通过陀罗尼能慧解佛理而达无上道，后则直言持念陀罗尼神咒便能受诸佛、菩萨加持，祛病消灾，求得平安，往生佛国，乃至即身成佛。

"曼荼罗"在佛教中的含义为"坛"，常译为"坛场"，即修法之道场。密教曼荼罗包括大曼荼罗、三昧耶曼荼罗、法曼荼罗、羯磨曼荼罗四种：绘有诸佛、菩萨像的属大曼荼罗；表现诸尊印契及所持之金刚杵铃、刀、剑、宝幢等法器的属三昧耶曼荼罗；书写密教种子字的属于法曼荼罗；各类立体形象的供养诸尊及法器属羯磨曼荼罗。梁庄王墓出土的金曼荼罗镶木佛珠饰有密教种子字，即属于法曼荼罗。

金曼荼罗镶木佛珠

金

复原通长 19.5、周长 36 厘米，重 54.6 克

原由 29 件金质曼荼罗镶嵌木质佛珠组成，分为"二珠式"佛头 1 套和数珠 27 颗。

每件金曼荼罗的两个顶面均铸铭一周 7 字或 10 字的梵体阳文，铭文均为蓝扎体梵文咒语，咒名为六字真言 "唵嘛呢叭弥吽"（拉丁转写：oṃ ma ṇi pa dme hūṃ），加持咒"唵阿吽"（拉丁转写：oṃ āḥ hūṃ），阿弥陀如来种子字"纥哩"（拉丁转写：hrīḥ）。六字真言是观世音为使众生脱离六道轮回所发的心咒，人若诵持六字真言即能获得解脱。"加持"为梵文 adhiṣṭhāna 的意译，即加附佛力于软弱众生。阿弥陀如来种子字，是坐禅中用以观想阿弥陀如来的标志，此处用于"加持咒"的末尾，表示持咒人被加持的是阿弥陀佛力。

佛珠又称念珠、数珠，是念佛或持咒时用以计数和束心的工具。若欲断灭烦恼，当随身携带佛珠，专心颂佛。密教因修法之不同，念珠质地也不同。梁庄王墓的佛珠出土于漆法器匣内，质地有金嵌木、水晶、骨等，各串还附有数量不等的记捻附件。

骨佛珠

骨

复原通长 10.3、周长 16.4 厘米，重 35 克

由"二珠式"金佛头 1 套、骨数珠 27 颗、小金轮 28 件组成。

水晶佛珠

水晶、玉、玛瑙、琥珀
复原通长 39、周长 65 厘米，重 103.6 克

此串水晶佛珠由"二珠式"佛头、数珠、记捻 5 串
（念珠分别为浅绿色玉质、杂色玛瑙质、深绿色碧玉
质、灰白色青玉质、枣红色琥珀质）组成。108 颗
（不含母珠）佛珠于藏密称最胜品，在藏传佛教流布
地区使用最为普遍。

金刚杵即古印度兵器伐折罗（vajra），以单股、三股、五股、九股最为常用。密教中，金刚杵象征摧灭烦恼之菩提心，为诸尊之持物或修法之道具，也是各类密教图像及法物上的常见装饰纹样。密教数珠上的"记捻"一般缀以各种宝石、黄金坠饰，高等级的数珠常以金刚杵为坠饰。

金刚杵（3 件）

金

长 2.4 ～ 2.6 厘米，总重 26 克

四股式金刚杵。金刚杵两端各设一个仰莲座与握手
处相接，两莲座中央各竖一根下大上小的四方锥体
塔形柱，柱的四面各有一条曲体小龙。

绿松石圆雕双鱼饰

绿松石
长 1.2、宽 1.1 厘米

出土于法器匣内，或是记捻上的坠饰，属佛教 "八
吉祥" 之列。

白玉圆雕鱼饰

玉
长 2.7 厘米，重 2.6 克

鱼作跳跃状，自鱼背至腹，有一个对钻穿孔。出土
于法器匣内，可能是佛珠上的串饰。

金环白玉葫芦饰（2件）

金、玉

高 2.7 厘米，重 7.6 克、7.7 克

此物出自法器匣内，可能为佛珠上的串饰。

金法戒

金

直径 2.6 厘米，重 18.7 克

戒面錾刻一长方形"回"字纹。含金量高达91.75%。出自法器匣内，应属法事器具。

◎ 出土于漆匣中的法器

4

百器饰终

明初亲王的葬制遵照洪武二年（1369年）常遇春的葬礼标准，其随葬的"明器九十事"中有军器、日用器皿、乐俑、厨具等，日用器皿均为锡造。

梁庄王墓共出土51件（套）器形小、制作粗劣的铅锡冥器，包括：壶、匕箸瓶、高圈足杯、矮圈足杯、灯台、烛台、执壶、瓶、带流罐、提梁桶、双耳罐、香盒、盂、碗、托盏、坛、铜柄铅锡勺、盘、碟、粉子等。

铅锡匙箸瓶

铅锡

高 8.5、口径 2.1 厘米

出土时一瓶内装有匕一件、箸一双，另一瓶内装有匕一件、箸一双、匙一件。明代文震亨《长物志》中有"香炉""香合""匙箸""箸瓶"条。

铅锡瓶

铅锡

高 11、腹径 5.7、圈足径 4.3 厘米

铅锡执壶

铅锡

通高 10.7、底径 3.6 厘米

铅锡烛台

铅锡

通高 7.5、盘径 6.1、圈足径 4.8 厘米

铅锡灯台

铅锡

残高 5.7、复原后盘径 6.5、圈足径 4.7 厘米

铅锡带流罐

铅锡
通高 6.2、底径 4 厘米

铅锡托盏

铅锡
通高 5.9、盏口径 4.3、托口径 3.1、盘口径 5.9、圈足
径 5.1 厘米

铅锡提梁桶

铅锡
通耳高 7.6、口径 6.4、底径 2.8 厘米

铅锡坛

铅锡
通高 7.4、盖径 5.2、肩径 7、底径 5.4 厘米

铅锡粉子

铅锡
高 7.8、直径 5.4 厘米

铜釜灶

铜
通高 15.6 厘米

炉口内置一件带盖的盘口圜底锅，炉底捶接一件圜
平底三足炉盘。

第二单元

珠围翠绕

明代，平民女子可以通过婚姻进入皇室。风冠霞帔，谷圭玉佩，王妃盛装受册；插戴分心，斜簪掩鬓，魏妃对镜梳妆。王妃遗物再现了魏氏——一位出身平凡的女子——成为王妃后的奢华生活。

魏妃其人

　　自洪武末年，藩王始与平民联姻。梁庄王继妃魏氏是襄阳县民魏亨之女，宣德八年（1433 年）被册封为梁王妃，于是命其父为南城兵马指挥。王妃在梁庄王逝世时"欲随王逝"，但皇帝降旨命其继续照顾梁庄王两位幼女，且"仍主王宫之事"。景泰二年（1451 年），时年 38 岁的魏妃去世。

梁庄王妃圹志盖

石

长 58、宽 57、厚 10.5 厘米

志盖文："大明梁庄王妃圹志文"。

梁庄王妃圹志底

石

长 58、宽 58、厚 10.5 厘米

志文阴刻朱书十四行共 166 字，曰："梁庄王妃魏氏，南城兵马指挥亨之女，母陈氏。生有淑德。宣德八年七月初三日册为梁王妃。正统六年正月十二日，王以疾薨，欲随王逝。承奉司奏，蒙圣恩怜悯，遂降敕旨存留，抚养王二幼女，仍主王宫之事。景泰二年三月十七日以疾薨，得年三十有八，无子。以薨之年九月初七日，葬封内瑜灵山之原，同王之圹。於乎！妃生于文臣之女，选配王室，正当享富贵于永久而遽以疾终，岂非命乎！岂非命乎！爰述其概，纳之幽圹云，谨志。"

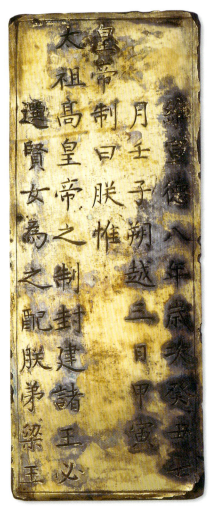

鎏金银封册

银、金

每板长 23、宽 9.1、厚 0.4 厘米，重 1839.8 克

封册由两块等大的长方形鎏金银板扣合而成，板内有册文 88 字："维宣德八年，岁次癸丑，七月壬子朔，越三日甲寅，皇帝制曰：'朕惟太祖高皇帝之制，封建诸王，必选贤女为之配。朕弟梁王，年已长成，尔魏氏乃南城兵马指挥魏亨之女，今特授以金册，立为梁王妃，尔尚谨遵妇道，内助家邦，敬哉。'"

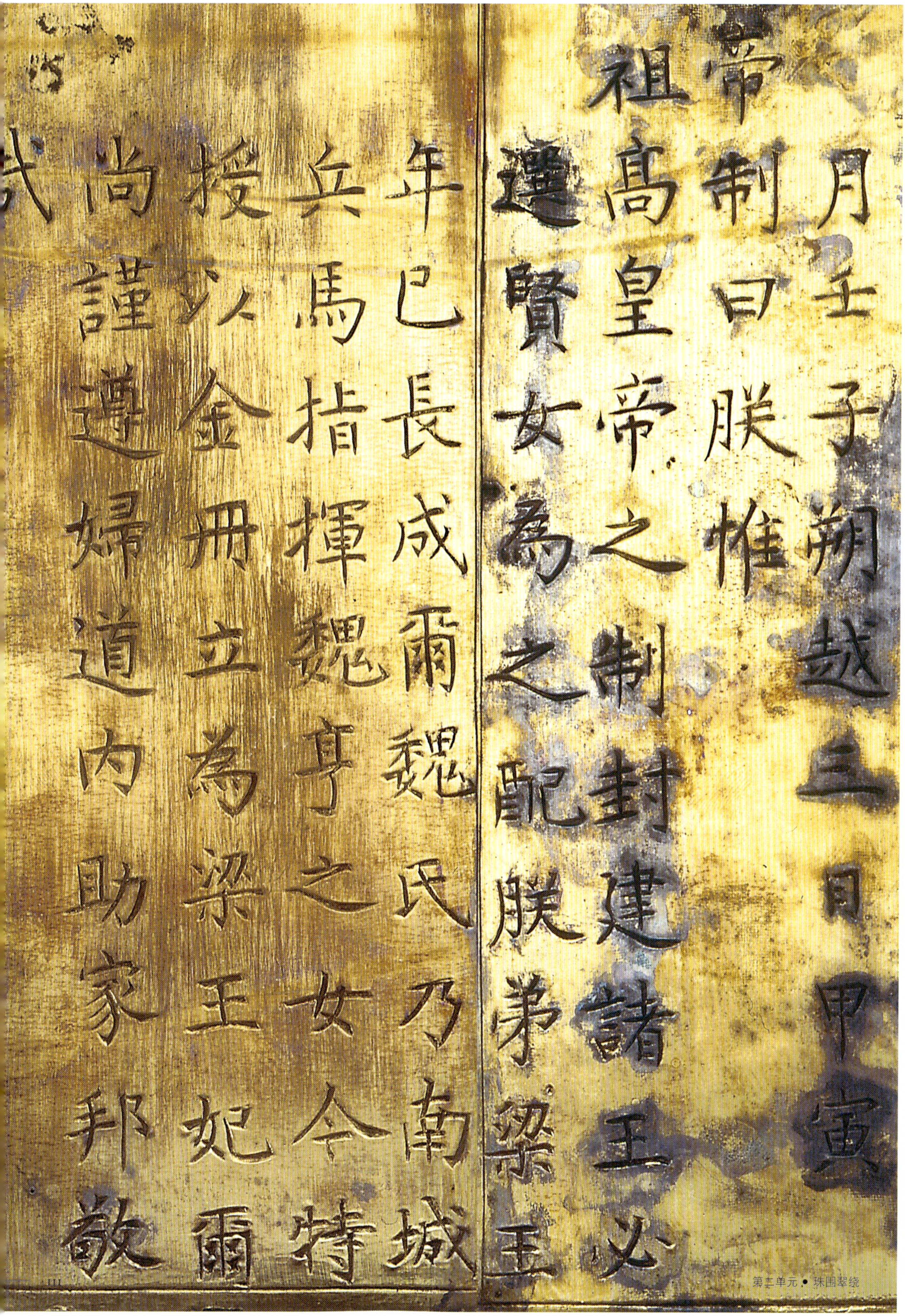

月壬子朔越三日甲寅

帝制曰朕惟

祖高皇帝之制封建諸王必

遷賢女為之配朕弟梁王

年巳長成爾魏氏乃南城

兵馬指揮魏耳之女今特

授次金冊立為梁王妃爾

尚謹遵婦道內助家邦敬

武

王妃礼服

作为王室成员，亲王妃是皇室礼仪活动的重要参与者。行受册、助祭、朝会之礼时，王妃须着礼服盛装出席。

凤纹帔坠是霞帔的坠饰。霞帔是贵族女性礼服中的饰带，以丝罗制成，由颈肩垂下，底端有压脚的帔坠。皇室使用的帔坠，大多由银作局统一制作。永乐三年（1405 年）规定，亲王妃用深青色霞帔、凤纹金坠子。

◎《明宫冠服仪仗图》中霞帔与帔坠的佩戴方式

金凤纹帔坠

金

通长 14.2、宽 7.8、厚 4.2 厘米，重 72.4 克

器钩内壁有"随驾银作局宣德柒年拾贰月
内造柒成色金壹两玖钱"铭文。帔坠、凤
簪为礼仪用装饰品，银作局通常成批制
作此类物件，以备宫廷礼典和册封赏赐
之需。

玉花采结绶是亲王妃礼服中的佩饰，以红绿线罗为结，上有一件宝相花纹玉绶花，绶带上有玉坠珠六颗，小金叶六个，金垂头花板四件。

玉绶花饰

玉

弧尖直径 7.5、弧底直径 6.9 厘米，重 25.4 克

玉绶花之上的宝相花纹是以莲花、牡丹、菊花等自然花卉为基本形，变形而得的装饰纹样。

金叶玉坠珠一组（6 件）

金、玉

橄榄形坠通高 3.5、直径 1.4 厘米；玉坠珠通高 2.5、
直径 1.3 厘米

以明益宣王夫妇墓出土的玉花彩结绶为参照，可知
金叶玉坠珠应是分别系坠于两条垂带底端金垂头花
板的 6 对小穿孔之中。其中橄榄形玉坠饰应坠于底
端的出尖处。

金垂头花板（2 件）

金

每件高 3.6、宽 4.7 厘米

金饰的六个转角处各有一对小穿孔。

青玉葵花带

金、玉

金针玉带扣长 4.8、宽 4.6 厘米，葵花形玉带铸长 2.5、宽 2.1 厘米，长方形玉带铸长 5.8、宽 2.1 厘米，金带扣环直径纵 1.8、横 0.5 厘米，金铊尾长 6.6、宽 1.8 厘米，总重 88.8 克

从出土位置可知，它属于王妃的随葬品。制作年代为金代或元代。其形制及功用，可能与明代《天水冰山录》中记载的"女带""窄女带""极窄女带"相似。

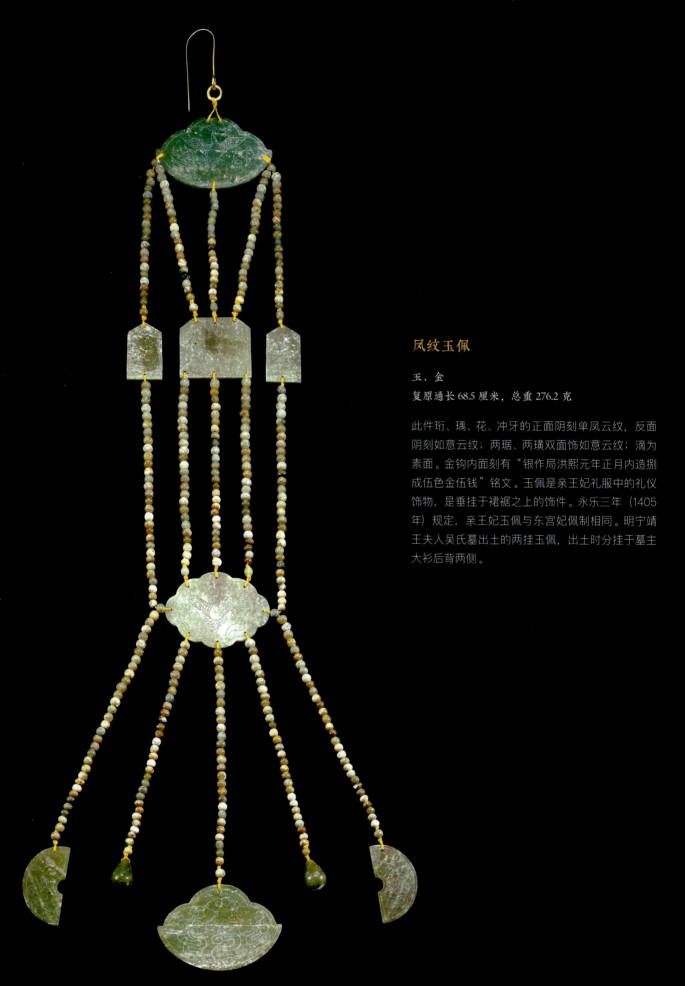

凤纹玉佩

玉、金
复原通长 68.5 厘米，总重 276.2 克

此件珩、瑀、花、冲牙的正面阴刻单凤云纹，反面
阴刻如意云纹；两琚、两璜双面饰如意云纹；滴为
素面。金钩内面刻有"银作局洪熙元年正月内造捌
成伍色金伍钱"铭文。玉佩是亲王妃礼服中的礼仪
饰物，是垂挂于裙裾之上的饰件。永乐三年（1405
年）规定，亲王妃玉佩与东宫妃佩制相同。明宁靖
王夫人吴氏墓出土的两挂玉佩，出土时分挂于墓主
大衫后背两侧。

玉禁步

玉

复原通长 59 厘米，总重 328.3 克

本副二挂玉禁步为婚配喜庆之物，可能是皇帝为梁庄王纳继妃而特赐的礼物。根据饰件名称的谐音和特点，其吉祥寓意如下：叶寓意"金枝玉叶"，瓜寓意"瓜熟蒂落"，鸳鸯寓意"鸳鸯戏水"，鳜鱼寓意"鱼水之欢"（或"富贵有余"），石榴寓意"多子多福"，桃寓意"平安长寿"。

青白玉谷纹圭

青白玉

长 15.8、宽 4.8 厘米，重 169.4 克

此圭属王妃的随葬品。万历《明会典》卷 69《婚礼
三·亲王婚礼·纳征礼物》中有"玉谷圭一枝"。万
历《明会典》卷 60《冠服一·亲王妃冠服》中明确
规定亲王妃在受册、助祭、朝会活动中须持玉谷圭。

2

金玉玲珑

鸾鸟牡丹簪，为王妃华服平添了几分灵动与意趣；金镶宝石镯，衬托出王妃雍容仪态下的风度与气韵。打开亲王妃的首饰匣，装点着金、玉、宝石的玲珑首饰跃然眼前。

明代头面

女子全套发饰称为"头面"。一副头面，包含插戴在 髻周围，装饰题材一致的各式簪钗。 髻（也称金冠、金丝髻）是女子戴在发髻上面的发罩。明代已婚女子要戴 髻。

金凤簪（2件）

金

通长 23.5 厘米，重 95 克

通长 24 厘米，重 94.6 克

凤簪是明代礼仪用物，其形制大都为扬尾振翅、足踏祥云的凤凰造型。《明会典》中关于亲王妃冠服，有"金凤一对，口衔珠结"之记载。簪头为镂空单立凤，凤立于镂空祥云之上。

金累丝镶玉嵌宝双鸾鸟牡丹分心

金、玉、红宝石、蓝宝石、绿松石、锆石

通长 10.6、头宽 12.6、高 4 厘米，重 42.8 克

此件以金累丝卷草纹为底衬，正面做出嵌玉的边框和
抱爪。边框周围是金累丝花叶和十八个石碗，内嵌红宝
石、蓝宝石、绿松石和锆石。边框里嵌有一玉雕牡丹鸾
鸟图，一双鸾鸟环于正中的牡丹左右。

金累丝镶玉嵌宝双鸾鸟牡丹掩鬓（2 件）

金、玉、红宝石、蓝宝石、绿松石
通长 15.8、头宽 6.6、高 4.5 厘米，重 26.7 克
通长 16、头宽 6.7、高 4.3 厘米，重 26.3 克

掩鬓为左右对称的云朵造型，此副中心边框内镶嵌牡丹
鸾鸟图案玉饰，两只鸾鸟皆敛翅回首。石碗内存镶红宝
石、蓝宝石、绿松石。掩鬓是簪戴于两鬓的簪饰，戴时
倒插。常见的形状有云朵形和团花形，《客座赘语》云：
"掩鬓或作云形，或作团花形，插于两鬓，古之所谓'两
博鬓'也。"

金累丝镶宝石牡丹花鬓钗（2件）

金、红宝石、蓝宝石

通长 15.3、头宽 3、长 6.5 厘米，重 32.6 克

通长 15.8、头宽 3、长 6.8 厘米，重 33.8 克

鬓钗双层镂空，花丝平填作满卷草纹底衬，其上的花丝托内存镶红、蓝宝石。牡丹鬓钗的累丝枝叶伸展披垂于花朵之间，生意盎然。鬓钗在盛妆之下通常插戴于额角两边。

◎ 钗

钗又称倒钗、宝钗，成对使用。簪脚较长，插在鬏髻底部左右两侧，起固定作用。《客座赘语》云："金玉珠石为华爵，长而列于鬏傍曰'钗'"。

◎ 鬓钗钗头

金累丝镶宝石青玉香瓜簪（2件）

金、玉、红宝石、蓝宝石、绿松石
通长 16、头宽 6.8、高 6.5 厘米，重 31.1 克
通长 13.3、头宽 6.4、高 6.8 厘米，重 30.3 克

整体造型由瓜形主图与簇拥主图的花与叶构成，花
丝平填作满卷草纹底衬。底衬上嵌玉装饰框周围的
石碗中存镶红宝石、绿松石，花叶上的菊花式托座
内存镶红宝石、蓝宝石，玉饰件形为花叶相簇的瓜
实，与元式瓜头簪几乎相同。元式瓜头簪流行至明
前期。

桃形金累丝镶宝石簪（2件）

金、红宝石、蓝宝石

通长 14.7、头宽 3.8、高 4.2 厘米，重 30.1 克

通长 13.9、头宽 3.7、高 3.9 厘米，重 29.4 克

簪头呈桃形，花丝平填作满卷草纹底衬，其上的花丝托内存镶红宝石、蓝宝石、尖晶石。

梅花形金镶宝石簪（2件）

金、红宝石
通长 12.7 厘米，重 24 克
通长 12.7 厘米，重 23.6 克

簪顶为五瓣梅花造型，花心处镶嵌红宝石一颗。

梅花形金簪（2件）

金
通长 16.8 厘米，重 28.6 克
通长 16.8 厘米，重 28.4 克

簪顶为五瓣梅花造型。

金钿花（20件）

金

每件直径 1.5 ～ 1.6 厘米，总重 19.5 克

据万历《明会典》卷 69《婚礼三 •亲王婚礼》，纳征礼物中的珠翠燕居冠，其上装饰有"金宝钿花二十七个"。

金钣花钏是宋元以来流行的缠钏，所谓缠钏是一种由数道圆环相叠而成的女性腕饰。明代金钣花钏在式样上没有显著变化。万历《明会典》卷69《婚礼三·亲王婚礼》中有"金钣花钏一双"的记载，是明代皇家婚礼中的纳征礼物。

金钣花钏（2 件）

金

花钏长 12.5、圈径 6.5～6.7 厘米，重 295.2 克

花钏长 13.8、圈径 6.5～7.5 厘米，重 292.4 克

金钣花钏由数道金圆环相叠而成，外壁饰串枝灵芝纹。镯头用粗丝缠作活环与下层的连环套接，以便左右滑动调节松紧。南宋时，金钏、金镯、金帔坠一并称为富贵之家聘礼中的"三金"。

◎ 金钑花钏局部

金镶宝石镯（2 件）

金、红宝石、蓝宝石、东陵石、祖母绿
高 2.6 厘米，镯口长径 6.2、短径 5.7 厘米，重 127 克
高 2.6 厘米，镯口长径 6.2、短径 5.7 厘米，重 132.1 克

此副为活销式开闭手镯。镯外壁面装饰有金累丝缠
枝卷草地纹，上面八个金累丝菊花托内分别镶嵌红
宝石、蓝宝石、东陵石、祖母绿。就样式与工艺而
言，金累丝嵌宝镯最具明代特色。金钑花钏、金镶
宝石镯原置于王妃棺内的一件漆木匣中，出土时
棺、匣均已垮朽，钏、镯紧邻安放。镯与钏配套
使用。

137　第二单元 ● 珠围翠绕

金镶红宝石戒指

金、红宝石

环径 1.9 厘米，重 6.8 克

指环首端外壁錾刻云纹。自元以来，佩戴镶嵌宝石的戒指成为时尚，明代此风尤炽。

金镶绿松石戒指

金、绿松石

环径 1.9 厘米，重 3.7 克

指环首端外壁饰有凸起的双叶纹。

金镶宝石葫芦戒指

金、蓝宝石、桃红色尖晶石

环径 2 厘米，重 6.7 克

戒面呈葫芦造型，其上金焊大小两素托，分别嵌有一颗蓝宝石和一颗桃红色尖晶石。指环首端外壁錾刻出云纹。

串缀珠宝金耳环（2 件）

金、绿松石、珍珠

通高 5.5、通宽 4 厘米，重 13.8 克

通高 5.5、通宽 4 厘米，重 14 克

元代熊梦祥《析津志》"风俗"条中有关于此类耳环的记载，"环多是大塔形葫芦环，或是天生葫芦，或四珠，或天生茄儿，或一珠"，其式略如塔形。这种构图类于三角形的耳环在明代很流行。

金扣

金

通长 3.2、套环外宽 2 厘米，重 4.8 克

此扣套环呈八角星形，子扣中心饰火纹。梁庄王墓出土的两件金扣为套结式子母扣，子扣和母扣的柄部各有两对孔眼，用以穿线钉衣物。金或金镶宝纽扣多见于明代女子对襟袄子的竖领之上。

金扣

金

通长 3.2、套环径 1.6 厘米，重 6.4 克

此扣套环为圆形，子扣中心为扁平圆形，扣襻处有云形装饰。

3

闺阁雅趣

礼仪制度规范着贵族女性的仪容、行为和思想。然而王府之中也有闺阁之乐，规矩之下亦有生活之趣。王府女主人将情感与希望寄托于爱物之上。

青花瑶台赏月图瓷锺

瓷
高 10.1、口径 15.5 厘米

青花瑶台赏月图瓷锺、残鎏金银锺盖和残鎏金银托盏一套三件，出自后室南部，属王妃日用器皿。锺外壁绘有三组图像：第一组画面中，一位老妇侧坐于石墩，于松下遥赏明月，她对面的女子，捧起侍童所执盘中的一掬清水，月影摇曳于水间；第二、三组画面表现的是女子于山石间赏月事花的情景。

◎ 瓷锺局部

青白玉东升图环饰（2件）

玉

直径 4.9 厘米

该器外缘为一环，环内镂出一组双兔望月图：果实
累累的枇杷树下，伏于灵芝前的白兔与身后的小兔
正凝望着掩映于云彩中的明月。

青玉荷叶鸳鸯佩饰

玉

高 7、宽 6.3 厘米，重 51.5 克

画面雕刻出立于莲叶之上的一对鸳鸯，佩的上下各
有一个小穿孔。

青白玉秋山饰

青白玉

中高 6.6、宽 4.3 厘米，重 38.6 克

画面刻画了伏于灵芝、柞树前的牡鹿与后方牝鹿的对视瞬间。《金史》卷 43《舆服下》中将饰有熊鹿山林图案的服饰称为"秋山之服"。

白玉圆雕折枝牡丹佩饰

玉

长 5.5、宽 4.5 厘米，重 37.9 克

以和阗籽玉圆雕成一朵折枝牡丹花。

绿松石执双荷童子佩

绿松石
高 5.2、宽 3.2 厘米，重 43 克

童子身着褐衣，双手合执两片贴于颈背的荷叶之
梗。头顶至脚下有一单向竖穿孔，童子右耳处有一
穿孔。

◎ 宋代白玉执莲童子玉雕（故宫博物院藏）

青白玉执茨荷童子佩

玉
高 6.1、宽 3 厘米，重 46.5 克

童子手执贴于后背的一荷一茨之梗。头顶至脚下有
一单向竖穿孔。玉雕执莲童子首创于宋。童子执莲
的形象与宋代七夕时儿童执莲花荷叶，扮为摩睺罗
的风俗有关。

蓝玻璃珠

玻璃

直径 1.6 厘米，重 5.1 克

青玉圆雕羊首觿

玉

长 11.5、头高 2.1 厘米，重 28.5 克

以简练的手法双面雕出羊首及其一对弯角，嘴部有一个对钻的横穿孔，羊身省略为弯曲的锥形。

青白玉执荷童子佩

玉

高 5.3、宽 3 厘米，重 41.9 克

小童双手合持一贴于腰间的荷叶之梗。头顶至脚下有一单向竖穿孔。

第三单元

丝路撷珍

一四〇五年至一四三三年，郑和船队七下西洋，远达红海沿岸和非洲东海岸，谱写了「海上丝绸之路」的传奇。五百多年后，当考古工作者打开梁庄王墓，一块錾刻有「永乐十七年四月　日西洋等处买到」铭文的金锭赫然呈现于世人眼前。

元代，"西洋"指今南海西部和印度洋。明末以前西洋范围大体与前朝所指一致，但有些古籍将爪哇岛和加里曼丹岛南部也涵盖其中。元、明部分文献中记载的"西洋"为国名，指今印度南部地区。《明史》中以婆罗（今加里曼丹岛，或该岛北部的文莱）为准来划分东、西洋。

西洋

金锭

金

锭长 13、两端宽 9.8、中宽 4.6 厘米，重 1937 克

正面錾刻有"永乐十七年四月 日西洋等处买到/八成色金壹锭伍拾两重"铭文，表明此金锭金料是郑和船队第五次下西洋时在"西洋等处"购得。锭铭"八成色金"，与实测含金量 83.24％相符；"伍拾两重"，实重 1937 克。

云形金累丝镶宝石掩鬓（2件）

金、红宝石、蓝宝石、祖母绿
通长15.7、头宽6.7、高4.8厘米，重44.8克
通长15.4、头宽6.7、高4.7厘米，重48.9克

簪头以花丝平填作满卷草纹底衬，托内存镶红宝石、蓝宝石、祖母绿。郑和下西洋沿线重要的红宝石产地为泰国、斯里兰卡。

◎ 掩鬓局部

金镶宝石绦环

金、红宝石、蓝宝石、祖母绿、东陵石、木、骨
通长 13.4、中宽 7、中厚 2.6 厘米，重 198.3 克

中心方的中心托内镶嵌木片和髹漆骨头，小托内
存镶红宝石、蓝宝石、祖母绿、东陵石；左右小方
的中心托内原镶一小段残木块。郑和下西洋沿线
祖母绿的主要产地是印度。阿拉伯作家马苏第（Al-
Masudi）编写的《黄金草原与珠玑宝藏》中有关于
印度祖母绿产地的记载。

◎ 绦环局部

金镶蓝宝石帽顶

金、蓝宝石、红宝石

通高 3.9 厘米，底座直径 5.1 厘米，重 52.5 克

该帽顶的七重瓣覆莲底座上镶嵌有红、蓝宝石，中层造型为十瓣仰莲花，顶面托内镶嵌一颗蓝宝石。郑和下西洋沿线重要的蓝宝石产地为印度、斯里兰卡。

云形金镶宝石饰

金、蓝宝石

长 4、宽 3.2 厘米，重 10.9 克

此如意云形饰件上镶嵌一颗淡黄色蓝宝石，边缘有 4 个小穿孔，便于缝缀在服饰上。

云形金镶宝石饰

金、红宝石

长 4、宽 3.4 厘米，重 11.7 克

此如意云形饰件上镶嵌一颗红宝石，边缘有 4 个小穿孔，便于缝缀在服饰上。

　　明代中国在包括苦夷（今库页岛）、日本、琉球、吕宋（今菲律宾）等东北亚、东南亚及印度洋国家的国际贸易网络中扮演了重要角色。明初，官方主导的海外贸易一般通过朝贡贸易形式进行。

　　永乐二十一年（1423年），出现了西洋、古里、忽鲁谟斯、锡兰山、阿丹、祖法儿、刺撒、不刺哇、木骨都束、柯枝、加异勒、溜山、南渤利、苏门答剌、阿鲁、满剌加等16国派遣使节1200人到明朝朝贡的盛况。

◎ 永乐二十一年（1423年）来华朝贡国家

史籍中所载国家名称	外文国家名称	今日地理位置
西洋	Cola，Soli	今印度东南部地区
古里	《伊本·白图泰游记》作Kalikut，其后欧洲人名之为Calicut	今印度西南岸之科泽科德（Kozhikode）一带
忽鲁谟斯	Hormuz	今属伊朗，位于阿曼湾与波斯湾之间霍尔木兹海峡中格什姆岛(Qushm)东部的霍尔木兹岛
锡兰山	Ceylon, Silan	今斯里兰卡
阿丹	Aden	今阿拉伯半岛也门首都亚丁一带
祖法儿	Zufar	今位于阿拉伯半岛阿曼西南佐法尔
刺撒	Ras Isa	今阿拉伯半岛也门伊萨角
不刺哇	Brawa	今索马里东南岸之巴拉韦（Baraawe）
木骨都束	Muqdisho	今索马里首都摩加迪沙
柯枝	Cochin	今印度西南岸的科钦
加异勒	Cail，古称Kayal	今印度南部东岸的卡异尔镇（Kayalpatnam）
溜山	Maldives	今印度洋中的马尔代夫群岛
南渤利	Lamuri	今印度尼西亚苏门答腊岛西北角亚齐河口南岸的班达亚齐（Banda Aceh）一带
苏门答剌	Samudra	今苏门答腊岛北部
阿鲁	Aru	今苏门答腊岛阿鲁（Aru）湾
满剌加	Malacca	今马来西亚马六甲一带

元代，汉地与西域乃至阿拉伯地区交往频繁，宝石和鉴赏术流行于汉地。元人陶宗仪所著《南村辍耕录》中有关于阿拉伯宝石学分类的详细记载，许多宝石名称也源自阿拉伯语。

明前期，外来宝石输入的主要方式是朝贡贸易。梁庄王墓出土的宝石应是明初郑和下西洋时于外国采买而来。隆庆之后，开放海禁，民间大量进口宝石。

梁庄王墓随葬品十分丰富，出土有金、银、玉、宝石、瓷器等5300余件，其中金、银、玉器1400余件，仅金器重量即达十余公斤，珠饰宝石多达3400余件，随葬如此大量的金银珠宝，在已发现的明代亲王墓中尚属首次，规格仅次于明代皇陵定陵。

据专业机构鉴定，梁庄王墓随葬的金银珠宝中，宝石类达18种之多，700多粒。主要有红宝石、蓝宝石、祖母绿、金绿宝石、水晶、绿松石和珍珠等，其中不乏高品质的珍品。从宝石品质和内含物特征看，绿松石可能来自湖北，珍珠可能亦为国货，但是蓝宝石、红宝石、祖母绿、金绿宝石等可能来自国外。

梁庄王墓中出土了多种名贵的天然宝石，例如蓝宝石、红宝石、祖母绿、金绿宝石等。

蓝宝石和红宝石属于刚玉，化学成分为铝的氧化物（Al_2O_3）。刚玉纯净时无色，晶格中含有不同的微量元素时，会呈现不同的颜色，其中铬（Cr）主要导致红色，而铁（Fe）、钛（Ti）的联合作用导致蓝色。

祖母绿的矿物名称是绿柱石，是铍铝硅酸盐矿物，化学式为$Be_3Al_2(Si_2O_6)_3$。祖母绿为微量元素铬（Cr）致色的翠绿色。

金绿宝石矿物是铍铝氧化物（$BeAl_2O_4$），其中常含有微量铁（Fe）、铬（Cr）、钛（Ti）等组分，可致其呈现不同颜色。部分金绿宝石具有猫眼效应，猫眼效应是由宝石及宝石内一组密集、平行定向排列的包体或定向结构对可见光的折射和反射作用引起的。

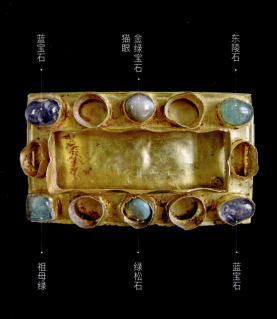

蓝宝石　猫眼　金绿宝石　东陵石

祖母绿　绿松石　蓝宝石

◎ 金镶宝石带带铐：排方

蓝宝石　祖母绿　红宝石

红宝石

蓝宝石

红宝石　蓝宝石

◎ 云形金累丝镶宝石掩鬓

红宝石　蓝宝石　红宝石　蓝宝石　红宝石　软玉　蓝宝石　红宝石

红宝石　绿松石　红宝石　红宝石　蓝宝石　锆石　红宝石　红宝石　绿松石　红宝石

◎ 金累丝镶玉嵌宝双鸾鸟牡丹分心

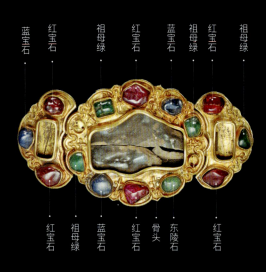

蓝宝石　红宝石　祖母绿　红宝石　蓝宝石　祖母绿　红宝石　祖母绿

红宝石　祖母绿　蓝宝石　红宝石　骨头　东陵石　红宝石

◎ 金镶宝石绦环

◎ 《南村辍耕录》中记载的部分宝石

《南村辍耕录》所记宝石名称	阿拉伯语词拉丁转写	对应宝石种类
剌	la'l	红尖晶石
避者达	bijādi	石榴石
苦木兰	humrah	杂色石榴石
助把避	dhubbābī	深绿宝石
助木剌	zumurrud	祖母绿
撒卜泥	sābūnī	浅绿宝石
鸦鹘	yāqūt	刚玉宝石
你蓝	nīlan	海蓝宝石
猫睛	ain al-hirr	金绿宝石
甸子	firūzaj	绿松石
你舍卜的	nīshāpūr	上等绿松石

◎ 陈汝锜《甘露园短书》卷5记载的明代后期宝石价格

宝石种类	价格
祖母碌（祖母绿）	100 两银 / 分
猫睛（金绿宝石猫眼）	100 两银 / 分
青、红、黄鸦鹘儿宝石（蓝宝石、红宝石、黄色刚玉）	180 两银 / 两
北鸦洗（碧玺）	44 两银 / 两
螺子（金绿宝石）	2 两银 / 分
碧钿子	1.8 两银 / 两

◎ 《工部厂库须知》中记载的明代后期皂隶、工匠年薪与宝石价格比较

工种	工资水平	一分重祖母绿、猫眼石售价（100两白银）折合年薪
各衙门皂隶	7.2 两白银 / 年	约相当于 14 年的年薪
东、西安门看守厂夫	7.2 两白银 / 年	约相当于 14 年的年薪
宗人府裱褙匠	18 两白银 / 年	约相当于 5.5 年的年薪